Die feine Art des Saufens

»Die Macht des Alkohols über die Menschheit beruht ohne Frage auf seinem Vermögen, die mystischen Fähigkeiten der menschlichen Natur zu stimulieren, die in den nüchternen Stunden von kalten Fakten und trockener Kritik niedergehalten werden. Nüchternheit verkleinert, unterscheidet und sagt Nein; Trunkenheit erweitert, verbindet und sagt Ja. (...) Die Menschen laufen ihr nicht aus bloßer Perversität nach.« William James

cc/28

Die feine Art des Saufens

Ein Handbuch für den modernen Trinker

Aus dem Amerikanischen von Gunter Blank

Tropen

Tropen
www.klett-cotta.de/tropen
Die Originalausgabe erschien 2005 unter dem Titel
»The modern drunkard. A handbook for drinking
in the 21st century« bei Riverhead, New York.

Printed in Czech Republic
Coverdesign: Ben Gibson
Satz: Tropen Studios, Leipzig
Gesamtherstellung: CPI Moravia Books
ISBN 978-3-608-50096-7

5. Auflage, 2008

Meiner lieben Frau Christa

Inhalt

Einführung

Obwohl es Dutzende von Büchern gibt, die Sie lehren, einen Drink zu mixen, gibt es erstaunlich wenige, die erklären können, wie es weitergeht, wenn Sie den nächsten logischen Schritt getan haben und den Drink in Richtung Leber geschüttet haben. Das ist, wenn Sie mich fragen, eine Schande. Nicht weniger schändlich, als einem jungen Mann einen Ferrari hinzustellen, ohne ihm zu verraten, wie man ihn zu fahren hat. »Gas geben und immer geradeaus. Was dann passiert, ist dein Problem.«

Auch die Popkultur hilft nicht mehr wirklich weiter. Während vorangegangene Trinkergenerationen ebenso prominente wie vorbildliche Archetypen vorfanden, denen sie nacheifern konnten – damals brauchte man nur seinen verhangenen Blick zu heben, um eine Person von öffentlichem Interesse in zähem Ringen mit der Flasche zu entdecken –, stürzt auf den modernen Trinker eine Flut widersprüchlicher Signale ein. Die Bierwerbung etwa suggeriert, Trinken sei der sichere Weg zu Spaß ohne viel Verantwortung, weist aber zugleich unverfroren darauf hin, verantwortlich damit umzugehen. Die Medizin gesteht kleinlaut die gesundheitsfördernde Wirkung zahlreicher Alkoholika, besteht aber darauf, einen stattdessen mit Tabletten vollzupumpen, die haarsträubende Nebenwirkungen haben. Bigotte Betschwestern wollen einem einreden, Trinken sei eine Sünde, offenbar ohne zu bedenken, dass Jesus Wasser in Wein verwandelt hat und nicht umgekehrt. Stars und Sternchen bekennen sich öffentlich zu ihren Alkoholexzessen, allerdings erst, nachdem sie aus der Entziehungsklinik entlassen wurden. Und unsere Regierungen setzen genug Vertrauen in Halbwüchsige, um sie in fremde Länder einmarschieren zu lassen, verwehren ihnen aber, hier und da ein Bierchen zu trinken.

Aber fürchtet euch nicht – die Rettung naht. Das Buch, das Sie in den Händen halten, wird Ihnen nicht nur zeigen, wie Sie sich zu benehmen haben, wenn Sie ein paar gezwitschert haben, es versteht sich auch als lauter Aufschrei, der den großen, wenn auch weit verstreuten Stamm der Trinker zu versammeln sucht. Dieses Buch ist die lange überfällige Antwort auf die Armeen selbsternannter Kindermädchen, die uns glauben machen wollen, dass kein bisschen Spaß den langen, grauen Marsch in die Arme des Todes unterbrechen dürfe. Die Kriegserklärung an jene, die die Gesellschaft mit der Androhung sozialer Ächtung dazu gebracht hat, alles (das Glück eingeschlossen) nur in homöopathischen Dosen zu genießen. Und uns einreden wollen, dass alles, was uns Spaß macht, schlecht sein müsse.

Dieses Buch möchte Ihnen die Bürde fälschlicher Schuld von den Schultern nehmen und einer Idee, die schon unsere Großväter kannten, wieder zu ihrer Gültigkeit verhelfen: dass es vollkommen normal und in Ordnung ist, aus der Haut zu fahren und Ferien vom Ich zu machen.

Natürlich werden die Kritiker versuchen, diese noble Flucht kleinzureden, und selbstgefällig darauf hinweisen, dass die Sorgen und Nöte, wenn wir aufwachen, noch immer da seien. Was ebenso viel Sinn ergibt, wie auf den Urlaub in der Karibik zu verzichten, weil danach wieder der Job wartet. Sie sind schlicht unfähig, zwei fundamentale Wahrheiten zu begreifen: 1. Eine Flucht auf Zeit ist allemal besser als gar keine, und 2. in der Karibik ist der Schnaps spottbillig.

Die feine Art des Saufens

1
Wahre Säufer trinken keine Alkopops

- 77 Säuferregeln
- 33 Dinge, die jeder Säufer einmal getan haben sollte
- Benimmregeln für Betrunkene
- 22 Anzeichen dafür, dass Sie ein Säufer sein könnten

77 Säuferregeln

Es gehört mehr dazu, als ein Glas umzuwerfen und sich danebenzubenehmen

1. Wenn Sie jemandem Geld schulden, zahlen Sie es ihm immer in einer Bar zurück. Am besten während der Happy Hour.

2. Einen ausgeben ist fünfmal besser als Händeschütteln.

3. Einer Unbekannten einen auszugeben, hat nach wie vor Stil. Es den ganzen Abend zu tun, ist dumm.

4. Niemals mehr als eine Zigarette pro Person und Abend schnorren.

5. Wenn der Barkeeper nicht mehr ganz nüchtern ist, sollten Sie es vermeiden, einen ordentlichen, sehr trockenen, eisgekühlten, in-and-out, halb und halb Martini mit einem Spritzer Limone zu ordern. Beschränken Sie sich auf Bier, Kurze oder Mixgetränke, die aus nicht mehr als zwei Zutaten bestehen.

6. Suchen Sie Blickkontakt zum Barkeeper und lächeln Sie ihn an.

7. Vermeiden Sie Blickkontakt mit dem Barkeeper, wenn Sie keinen Drink ordern wollen.

8. Sagen Sie nie Folgendes, wenn Sie gerade einen Kurzen gekippt haben:
»Klasse, gleich bin ich voll breit.«
»Ich hasse Kurze.«
»Hoppla, der kommt gleich wieder hoch.«

9. Niemals einem Barkeeper sagen, er habe Ihren Drink zu stark gemacht.

10. Wenn er ihn zu dünn macht, bestellen Sie beim nächsten Mal einen Doppelten. Er wird es verstehen.

11. Wenn eine Frau einen Drink ablehnt, den Sie ihr anbieten, kann sie Sie nicht leiden.

12. Wenn eine Frau einen Drink annimmt, den Sie ihr anbieten, kann es sein, dass sie Sie trotzdem nicht mag.

13. Wenn sie Ihnen einen ausgibt, dann mag sie Sie.

14. Wenn jemand anbietet, Ihnen einen Drink zu spendieren, bestellen Sie nichts, was Sie nicht auch selbst bezahlen würden.

15. Achten Sie darauf, immer einen Korkenzieher im Haus zu haben.

16. Wenn Sie keinen Korkenzieher im Haus haben, drücken Sie den Korken mit einem Stift in die Flasche.

17. Wollen Sie männlich wirken, lassen Sie sich niemals mit einem Piña Colada erwischen.

18. Unsere Eltern konnten besser trinken als wir.

19. Niemals auf der Toilette Leute ansprechen, es sei denn sie gehen gerade derselben Beschäftigung nach wie Sie – urinieren, anstehen, Hände waschen.

20. Sollte es einen DJ geben, wünschen Sie sich einen Song pro Abend. Spielt er ihn nicht innerhalb der nächsten halben Stunde, fragen Sie nicht nach. Spielt er ihn, fragen Sie nicht nochmal.

21. Lernen Sie, wie man aus einer Cocktailserviette eine Rose faltet. Sie werden überrascht sein, wie gut das ankommt.

22. Schauen Sie nach dem sechsten Drink nicht mehr in den Spiegel. Es würde Ihr Selbstbewusstsein erschüttern.

23. Wenn Sie sich kein Trinkgeld leisten können, können Sie es sich nicht leisten, in einer Bar zu trinken. Suchen Sie den Getränkemarkt auf.

24. Schulden Sie jemandem weniger als 20 Euro, können Sie es ihm in Bier zurückzahlen.

25. Wenn Sie mit jemandem länger als sechs Monate ein Zimmer geteilt haben, können Sie sich über seinen Biervorrat hermachen, solange Sie ihm eine Flasche übriglassen.

26. Sie dürfen sich nur am Schnaps Ihres Zimmergenossen vergreifen, wenn die Flasche bereits geöffnet ist und weniger als 25 Euro gekostet hat.

27. Beklagen Sie sich nie über Qualität oder Marke eines spendierten Drinks.

28. Das Einzige, was besser schmeckt als spendierter Schnaps, ist gestohlener Schnaps.

29. Wenn Sie billiges Bier auf eine Party mitbringen, müssen Sie mindestens zwei Dosen davon trinken, ehe Sie auf das Edelbier im Kühlschrank umsteigen dürfen.

30. Lernen Sie Ihre Kater zu schätzen. Wenn danach alles eitel Sonnenschein wäre, könnte jedes Weichei saufen.

31. Sollten Sie einmal deprimiert sein, nehmen Sie sich einen Cocktailführer und schauen Sie nach Drinks, die Sie noch nie probiert haben.

32. Probieren Sie jede Woche einen neuen Drink aus.

33. Wenn Sie der einzige Gast sind, sind Sie verpflichtet, so lange mit dem Barkeeper zu plaudern, bis er Sie nicht mehr wahrnimmt. Dann haben Sie Ihren Frieden. Das Gleiche gilt für ihn.

34. Jeder, der auf einer Bühne oder hinter einer Bar steht, sieht deshalb gleich viel besser aus.

35. Ob jemand ein harter Trinker ist, sieht man daran, wie nahe er sein Glas am Mund hält.

36. Eine Bar ist eine Männerumkleide und kein Schwesternheim. Wenn Sie ein Bier verschütten, wischen Sie es auf. Wenn Sie ein Glas kaputt machen, warten Sie auf das Personal und schieben es auf jemand anderen.

37. Besoffen zu sein, heißt, sich eloquent fühlen, ohne es aussprechen zu können.

38. Es ist vollkommen in Ordnung, allein zu trinken.

39. Nach drei Drinks werden Sie den Namen einer Frau vergessen, sobald sie ihn genannt hat. Nennen Sie sie für den Rest des Abends »Baby« oder »Schätzchen«.

40. Niemals in einer Tanzbar Trübsal blasen. Niemals in einer trüben Spelunke tanzen.

41. Männer trinken nicht mit Strohhalmen.

42. Wenn Sie sich einen Kurzen genehmigen, trinken Sie ihn auf einen Zug aus. Wenn Sie das nicht wollen oder können, lassen Sie es bleiben.

43. Niemals an der Jukebox mehr als drei Songs vom selben Künstler drücken.

44. Niemals einem Unbekannten vorschreiben, welche Songs er auswählen soll.

45. Ihre Songs werden immer erst dann gespielt, wenn Sie gehen müssen.

46. Niemals in einer Bar lügen. Sie können jedoch maßlos übertreiben und ausschmücken.

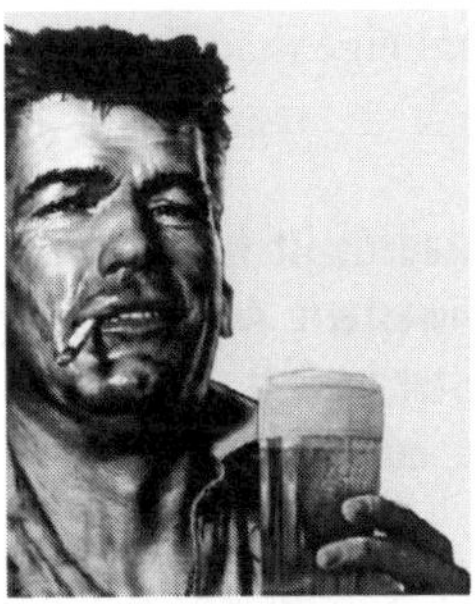

47. Wenn Sie denken, Sie lallen ein bisschen, dann lallen Sie gewaltig. Wenn Sie denken, Sie lallen schon gewaltig, sprechen Sie kein Deutsch mehr.

48. Laut zu brüllen: »Wer gibt mir einen aus?«, hat noch nie funktioniert.

49. Mit jedem Drink wächst die Wahrscheinlichkeit, in eine Schlägerei zu geraten, um fünf Prozent. Und die Wahrscheinlichkeit zu verlieren um drei Prozent.

50. Sich mit einem Volltrunkenen zu prügeln, während man selbst nüchtern ist, ist beschämend.

51. Wenn Sie pleite sind und ein Freund Sie aushält, müssen Sie über alle seine Witze lachen und ihm Rückendeckung geben, sollte er eine Frau anmachen.

52. Wenn Sie pleite sind und ein Freund Sie zum Besten hält, dürfen Sie, wann immer er nicht aufpasst, seinen Drink klauen.

53. Niemals den Kopf auf den Tresen legen. Das ist, als legten Sie freiwillig den Kopf auf den Richtblock.

54. Wenn Sie sich mit einem Freund beim Rundenholen abwechseln und er fragt, ob Sie noch eine wollen, antworten Sie stets mit Ja. Wenn Sie einmal aussetzen, werden Sie am Ende mehr bezahlen als er.

55. Wenn Sie ein Mitglied des Personals anbaggern wollen, geben Sie vorher und nachher großzügig Trinkgeld – egal ob Sie Erfolg haben oder nicht.

56. Die Leute mit dem meisten Geld geben in den seltensten Fällen das großzügigste Trinkgeld.

57. Bevor Sie sterben, sollten Sie wenigstens einmal eigenhändig einen Martini gemixt haben.

58. Das Personal Ihres Stammladens ist Ihre Familie, Vater, Mutter, Brüder und Schwestern. Außer natürlich, Sie landen mit der Schwester im Bett. Oder, wenn Sie wirklich stockbesoffen sind, mit der Mutter.

59. Niemals einen Barkeeper fragen, was er heute empfiehlt. Scotch wird ja nicht täglich frisch aus Schottland eingeflogen.

60. Wenn sich bei der Getränkebestellung eine Schlange bildet, nehmen Sie Ihren Drink und sehen Sie zu, dass Sie von der Bar wegkommen.

61. Wenn unklar ist, was wem gehört, ist das vollste Bier immer das Ihre.

62. Es ist akzeptabel, ja sogar traditionell so üblich, während eines exzessiven Abends zu verschwinden. Auf Ihre Freunde werden Sie geheimnisvoll wirken, wenn sie überhaupt Notiz davon nehmen.

63. Niemals am Ende des Abends den Deckel in Frage stellen. Denken Sie dran, Sie sind voll und die sind nüchtern. In neunundneunzig Prozent aller Fälle haben Sie unrecht, und so oder so gelten Sie hinterher als Lachnummer.

64. Wenn Sie auf eine Party Schnaps mitbringen, müssen Sie ihn trinken oder dalassen, wenn Sie gehen.

65. Wenn Sie länger als drei Sekunden zögern, wenn der Barkeeper Sie anschaut, haben Sie es nicht verdient, bedient zu werden.

66. Bier macht müde, Champagner albern, Wein melodramatisch und Tequila kriminell.

67. Das Größte, was ein Säufer tun kann, ist, in einer vollen Kneipe eine Runde zu schmeißen.

68. Niemals ein Gespräch mit dem Barkeeper mit den Worten beginnen: »Ich weiß, ich gehe Ihnen auf die Nerven, aber …«

69. Wenn Sie besoffen in einer Bar stehen, ist auch Ihr Boss nur ein Typ, der eine dicke Lippe riskiert. Es sei denn, er bezahlt.

70. Wenn Sie irgendwo rausgeflogen sind, lassen Sie sich drei Monate lang nicht dort blicken. Kommen Sie früher zurück, wird man glauben, Sie seien in keiner anderen Bar erwünscht.

71. Jeder, der drei oder mehr Drinks in den Händen balanciert, hat Vortritt.

72. Von Mitternacht bis zur Sperrstunde bewegen sich die Uhrzeiger doppelt so schnell.

73. Es spricht überhaupt nichts dagegen, schon vormittags zu trinken. Besonders wenn Sie im Büro sein müssen.

74. Wenn Sie bei der Arbeit trinken, trinken Sie Wodka. Er riecht nicht.

75. Ein Flachmann mit eingravierter persönlicher Widmung ist eines der schönsten Geschenke, die Sie machen können. Aber vergessen Sie nicht, ihn vorher aufzufüllen.

76. Auf der Intimitätsskala rangiert ein gemeinsamer Drink in einem lauschigen Winkel zwischen einem Händedruck und einem Kuss.

77. Sie werden all diese Regeln nach dem fünften Drink vergessen.

33 Dinge, die jeder Säufer einmal getan haben sollte

Kontrollpunkte auf der Straße des Exzesses

Letztendlich sind wir alle die Summe unserer Errungenschaften.

Aber jede Kultur hat ein anderes Verständnis dessen, was sie als Errungenschaft gelten lässt. Moslems etwa geben ihr letztes Hemd für eine Pilgerreise nach Mekka, während der Nationalstolz unzähliger Engländer an einem lange zurückliegenden Tor hängt – das nicht einmal eines war.

Die Subkultur der harten Trinker, die nach ihren eigenen Regeln und Prioritäten lebt, hat ihre eigenen Ideale, die sogar so weit gehen, dass sie von der Leitkultur als unbotmäßig, ja gesetzeswidrig sanktioniert werden.

Es zählt zu den bedauernswerten Merkmalen unserer von politischer Korrektheit bevormundeten Epoche, dass ein Mensch eher danach beurteilt wird, was er sich verkneift, als danach, was er tatsächlich geleistet hat. Es ist nicht mehr wichtig, ob man den Berg bestiegen hat, sondern es geht darum, darauf zu achten, keine Felsbrocken loszutreten, damit sie nicht auf die Mutlosen drunten im Tal stürzen.

Glücklicherweise sind die Freunde der Flasche historisch gesehen der öffentlichen Meinung gegenüber immer immun gewesen – deshalb ja auch die folgende Liste. Wenn Sie es schaffen, alle dreiunddreißig Punkte zu erfüllen, ehe Sie sich auf eine Wolke in Gabriels Paradise Lounge schwingen, können Sie gewiss sein, ein reiches und erfülltes Leben hinter sich zu haben. Und wenn Sie dann gemütlich am Tresen schweben und der Barkeeper Sie fragt: »Und? Haben Sie wenigstens anständig gelebt?«, können Sie ihm entspannt in die Augen schauen und sagen: »Gabe, altes Haus, wie gut, dass die Ewigkeit angebrochen ist, denn ich habe jede Menge Geschichten auf Lager.«

1. Seien Sie in einer Bar der Erste und der Letzte

Finden Sie eine Bar, die vor Mittag öffnet, suchen Sie sich ein hübsches Plätzchen, machen Sie sich's bequem. Widerstehen Sie der Versuchung, dem Barkeeper von ihrem Vorhaben zu erzählen, das würde nur dazu führen, dass er Ihnen voller Vorfreude ständig einen ausgibt und Sie die Happy Hour nicht überleben. Auf das Tempo kommt es an. Beobachten Sie das Kommen und Gehen der Gäste, beobachten Sie die Regentschaft großer Barkeeper, werden Sie Zeuge ihres Aufstiegs und Falls, während Sie wie ein mit allen Wassern gewaschener Methusalem überdauern. Von diesem Tag an wird Ihr Name Legende sein, zumindest in den vier Wänden dieser Bar.

2. Unternehmen Sie eine Sauftour

Und damit meine ich kein durchzechtes Wochenende. Nein, ich rede von einem hart erarbeiteten, voll durchlebten, exzessiv ausgekosteten Alkoholmassaker. Gefährlich, gewiss, aber auch das allmorgendliche Aufstehen ist nicht ohne Risiko. Die wahren Exzesse sind leider ebenso passé wie der breitkrempige Filzhut, was sie in der Welt der harten Zecher zu einem umso begehrteren Ziel macht. Aber seien Sie versichert: Es wird nicht einfach. Sie müssen mit dem Trinken beginnen, sobald Sie die Augen aufschlagen, und weitermachen bis zum Umfallen. Und dann wieder von vorn anfangen. Zu Großvaters Zeiten musste man zwei Wochen durchsaufen, ehe man sich einen ordentlichen Trinker nennen durfte. Aber damals kostete die Maß Bier ja auch nur zwanzig Pfennig. Heutzutage reichen vier durchsoffene Tage und Nächte, danach haben Sie jedes Recht, große Reden zu schwingen.

3. Trinken Sie an einem Abend ganz allein einen Liter Schnaps

Für manche ist das ein gewöhnlicher Abend, die anderen müssen sich eben anstrengen. Stöpseln Sie das Telefon aus, gehen Sie nicht an die Tür und gewähren Sie Ihrem Innersten Auslauf. Zerkleinern Sie ausreichend Eis und halten Sie – falls nötig – Softdrinks zum Mixen bereit.

Dann knacken Sie den Verschluss und kämpfen Zentimeter um Zentimeter den Widerstand der stolzen Flasche nieder. Wenn Sie sich dem Grund nähern, werden Sie blühende innere Landschaften entdecken, die Sie bislang für verdorrte Wüsten gehalten haben. Erforschen Sie sie.

4. Machen Sie sich vor einer grölenden Menge zum Tanzbären

Werfen Sie Ihre Angst vor der öffentlichen Meinung über Bord, marschieren Sie ins Zentrum der Aufmerksamkeit, tanzen Sie sich die Seele aus dem Leib. Sie brauchen dazu keinen Partner, nicht einmal Musik, tanzen Sie einfach zum Rhythmus Ihrer eigenen Trommel. Dabei hilft es natürlich, sehr, sehr betrunken zu sein.

5. Verbringen Sie eine Nacht in der Ausnüchterungszelle

Vom Arm des Gesetzes gepackt zu werden, widerstrebt den Urtrieben des Trinkers, aber wenn Sie lange genug trinken, wird es einmal passieren. Kosten Sie die Erfahrung aus. Tun Sie so, als wären Sie Paul Newman in *Der Unbeugsame*. Und scheuen Sie sich nicht, Ihren Freunden davon zu erzählen. Unter Trinkern, zumindest unter den harten, bedeutet eine Nacht in der Ausnüchterungszelle eine ziemlich große Feder am Säuferhut.

6. Spendieren Sie eine Lokalrunde in einer überfüllten Bar

Und zwar ohne den geringsten Anlass. Steigen Sie auf einen Barhocker. Rufen Sie: »Lokalrunde, auf mich!« Aber sehen Sie zu, dass Sie einen guten Trinkspruch parat haben, denn mehr Aufmerksamkeit werden Sie in diesem Leben nicht mehr abbekommen.

7. Betrinken Sie sich auf dem Grab Ihres Helden

Warten Sie, bis der Friedhof abends schließt, und schleichen Sie sich mit einer Flasche extrastarkem Stoff hinein. Lehnen Sie Ihren Kopf gegen den Grabstein und erzählen Sie Ihrem Helden, wie sehr er Ihr Leben verändert hat. Genießen Sie die Tatsache, dass die Quelle Ihrer Inspiration nur sechs Fuß entfernt liegt. Es wird die größte einseitige Konversation werden, die Sie je geführt haben. Danach können Sie beruhigt wegdämmern. Der Friedhofsgärtner wird Sie schon wecken.

8. Gehen Sie spontan auf Reisen

Schlagen Sie aufs Geratewohl eine Sauftour nach Las Vegas, Dublin, zu Jim Morrisons Grab oder zum nächsten Wachsfigurenkabinett vor. Wohin genau, spielt letztlich keine Rolle, die spontane Entscheidung allein sorgt für Vergnügen. Es geht nichts über eine plötzliche Anwandlung jugendlichen Übermuts. Ihrer Sicht auf die Welt wird das kolossal guttun. Sie erleben ein Abenteuer, mit dem Sie Ihre Freunde auf ewig nerven können.

9. Lassen Sie sich aus einer Bar rausschmeißen

Trinker teilen sich weltweit in zwei Sparten. Die, die ständig irgendwo rausfliegen, und die, denen das nie passiert. Sollten Sie zu Letzteren gehören, entgeht Ihnen eine ganz spezielle Erfahrung. Jeder Mensch, der auch nur einen Hauch Charakter besitzt, wird Feinde haben und Orte kennen, an denen er nicht willkommen ist. Letztlich definieren wir uns nicht nur über unsere Freunde, sondern ebenso sehr über jene, die sich uns entgegenstellen. Suchen Sie sich also eine Bar aus, die Sie verabscheuen. Schütten Sie sich gnadenlos mit Tequila zu und überlassen Sie Ihrem wirren Hirn den Rest. Lassen Sie den Laden brennen.

10. Geben Sie ein exorbitant überhöhtes Trinkgeld

Wenn Ihnen das nächste Mal ein besonders freundlicher oder fähiger Barkeeper begegnet, spendieren Sie ihm oder auch ihr ein ordentliches Trinkgeld. Und zwar richtig ordentlich. Allerdings müssen Sie dabei relativ nüchtern wirken, sonst wird Ihre Geste unter »besoffener Größenwahn« verbucht. Sagen Sie noch etwas wie »Sie sind definitiv der Beste« und verlassen Sie – und das ist entscheidend – ohne ein weiteres Wort die Bar. Mit diesem schlichten Akt unerwarteter Großzügigkeit geben Sie nicht nur dem Barkeeper den Glauben an die Menschheit zurück, sondern auch Ihrer Selbstachtung einen gehörigen Schub.

11. Spendieren Sie der oder dem geheimnisvollen Unbekannten, bei der oder dem Sie nie im Leben landen werden, einen Drink

Das wollten Sie doch schon immer. Neidisch haben Sie Ihre Freunde beobachtet, die den Mut dazu aufbrachten. Nun sind Sie an der Reihe. Ihre Angst steht in keinem Verhältnis zu dem eigentlich geringen Risiko (immerhin ist die Dame Ihnen um Klassen überlegen), dennoch erfordert Ihr Handeln eine gewisse Portion Mut. Im Grunde ist es dasselbe, als fischten Sie mit der Hand im Mixer. Das Ding springt nicht von selbst an, aber dennoch …

12. Trinken Sie nach der Sperrstunde in Ihrer Lieblingsbar weiter

Und damit meine ich nicht, dass Sie noch schnell einen nehmen, während das Personal die Stühle hochstellt. Ich meine, dass Sie weitertrinken, bis die Sonne durch die Rollläden scheint. Dieses Privileg zu verdienen, erfordert eine Menge Zeit und Trinkgeld, aber am Ende werden Sie für Ihre Mühen entlohnt.

13. Betrinken Sie sich mit Ihrem Vater

Sich mit dem Mann, der Sie gezeugt hat, die Kante zu geben, ist eine der mystischsten Erfahrungen, die ein menschliches Wesen machen kann. Falls es Ihnen nicht gelingt, Ihren Vater zu einem Besäufnis zu überreden, suchen Sie sich jemand Älteren, den Sie respektieren.

14. Mixen Sie Ihrem besten Freund den perfekten Martini

Und mit »perfekt« meine ich »perfekt«. Kaufen Sie die teuersten Alkoholika, die der Markt hergibt. Stellen Sie die notwendigen Utensilien bereit und nehmen Sie sich Zeit. Sie wissen, dass ein selbstgebasteltes Geschenk vom eigenen Kind das Herz der Eltern stets mehr erwärmt als das teuerste Präsent. So ist es auch hier. Ein kleines Dankeschön für die unzähligen Male, die Ihr Kumpel Ihnen aus der Patsche geholfen hat. Und wenn Ihr Freund Ihre erhabene Kreation gekostet hat, dürfen Sie sich auch einen eingießen, Sie alter Pfundskerl.

15. Kaufen, bauen oder klauen Sie sich Ihre eigene Bar

Sie haben lange genug die Brosamen von den Theken anderer gegessen. Machen Sie sich zum Eigentümer. Es gibt nichts Besseres, als mit einem überdimensionierten Cocktail auf dem eigenen Barhocker zu sitzen und zu denken: »Diese Bar gehört mir. Niemand kann mich hier rausschmeißen. Und nur der Fußboden bestimmt, wann Sperrstunde ist.«

16. Lassen Sie sich von Ihren Zechkumpanen nach Hause tragen

Knallen Sie sich in Begleitung einiger wirklich vertrauenswürdiger Freunde dermaßen die Hucke voll, dass Sie nicht mehr stehen, geschweige denn gehen können. Und lassen Sie sich dann von beiden Seiten unter die Arme greifen und nach Hause schleppen. Grölen Sie dabei wie ein irischer Seemann. Geloben Sie Ihren menschlichen Krücken ewige Treue und Dankbarkeit. Daraus entstehen Bande, die niemals zerreißen.

17. Gönnen Sie sich eine Kneipenschlägerei

Samuel Johnson sagte einmal: »Jeder Mann, der weder Soldat war noch zur See gefahren ist, schämt sich insgeheim dafür.« Und allen, die ins Grab sinken, ohne je in eine echte Prügelei verwickelt gewesen zu sein, geht es ebenso. Wie oft haben Sie auf dem Nachhauseweg schon gedacht: »Verdammt, das Arschloch hätte ich umhauen sollen.« Beim nächsten Mal tun Sie es einfach. Schlagen Sie zuerst zu, schlagen Sie brutal zu und vergewissern Sie sich, dass Sie im Recht sind. Sie mögen nicht als Sieger vom Feld gehen, aber wenigstens haben Sie Ihr Bestes gegeben.

18. Besuchen Sie die Quelle Ihres liebsten Biers oder Whiskys

Wahlweise auch die Ihres Lieblingsweins oder -whiskys. Machen Sie eine Wallfahrt an den Ursprung. Folgen Sie dem Fluss, der Ihren Durst stillt, zurück zur Quelle. Sehen Sie sich zwischen Kesseln und Fässern um, lassen Sie die Wahrheit auf sich wirken, dass dies hier der Ort ist, dem die guten Dinge entspringen. Möglicherweise müssen Sie dafür nach Dublin oder Kentucky reisen, aber wenn Sie einmal dort waren, können sie künftig in Ihr Glas schauen und sagen: »Junge, ich hab deine Mutter besucht.«

19. Probieren Sie wenigstens einhundert verschiedene Getränke

Viel zu häufig verwandeln wir Trinker uns in Gewohnheitstiere und vergessen, dass es da draußen eine verlockende Welt gibt voller vergessener Cocktails, bizarr schimmernder Biere, rätselhafter Schnäpse und Weine, deren Lagen wir nicht einmal aussprechen können. Erforschen Sie die Welt vom Barhocker aus. Man braucht nur einen Cocktailführer durchzublättern, um festzustellen, wie groß und vielfältig die Welt ist. Und wenn Sie danach zu Ihrem gewohnten Getränk zurückkehren, was sehr wahrscheinlich der Fall sein wird, werden Sie nach monatelanger Odyssee zu schätzen wissen, wie schön es doch zu Hause ist.

20. Gönnen Sie sich mit Ihrer Liebsten eine Magnumflasche Champagner

Machen Sie's wie Scott und Zelda, bevor die den Verstand verloren haben. Bedenken Sie, dies ist eine der seltenen Gelegenheiten, sich in Gegenwart Ihrer besseren Hälfte vollaufen zu lassen. Und sie wird sogar glauben, Sie seien so wunderbar romantisch.

21. Gehen Sie mit Ihren Freunden angeln

Vergewissern Sie sich, dass Sie ausreichend Bier und Schnaps dabeihaben, um die Bevölkerung von Liechtenstein zu betäuben. Angel und Köder müssen nicht unbedingt sein. Trinken Sie aber in der Nähe des Wassers. (Sie müssen das Wasser nicht unbedingt sehen, aber ein Fluss oder See sollte sich in der Nähe befinden.) Sobald es dämmert, machen Sie ein gewaltiges Lagerfeuer. Es gibt nichts Ergreifenderes, um männliche Seelenverwandtschaften auszuloten und sich mit Macht dem Suff zu ergeben, als ein loderndes Lagerfeuer. Glauben Sie mir, Striptease-Schuppen folgen weit abgeschlagen auf Platz zwei.

22. Schicken Sie einem Freund eine gute Flasche Schnaps

Ohne Anlass und Vorankündigung. Legen Sie einfach ein Kärtchen bei, auf dem steht: »Heute Abend gehen die Drinks auf mich.« Er wird es Ihnen nie vergessen.

23. Trinken Sie Absinth

Vergewissern Sie sich, dass Sie genug davon trinken, um die volle Dröhnung abzubekommen. Teilen Sie diese Erfahrung mit Hemingway, van Gogh, Fitzgerald und Myriaden anderer Genies. Sie sollten lediglich daran denken, dass man mit zwei Ohren viel besser aussieht.

24. Geben Sie einem Penner 20 Euro

Aber lassen Sie sich versprechen, dass er Schnaps dafür kauft. Das dürfte nicht besonders schwer werden. Für Sie sind 20 Euro der Preis einer schäbigen Unterhose. Für unseren Pennbruder bedeuten sie den ersehnten Schauer nach einer elend langen Dürre.

25. Schlucken Sie den Mezcal-Wurm

Es ist zwar ein Klischee, aber das sind Stripperinnen am Junggesellenabend auch. Trotzdem muss es sein. Oder wollen Sie Ihren Enkeln mit einer halbherzigen Lüge kommen, wenn die Sie dereinst fragen: »Opa, hast du den Wurm geschluckt?«

26. Lernen Sie mindestens ein traditionelles Trinklied

Zivilisiert und programmiert, wie wir nun mal sind, haben wir die Kunst des Trinkliedersingens verlernt. Natürlich können wir alle noch *Ring of Fire* grölen, aber was ist mit *There is a Tear in my Beer*, mit *The Bottle Let me Down* oder *There Stands the Glass*? Es gibt nichts

Imponierenderes als einen Tisch voll Betrunkener, die gemeinsam aus vollem Halse ein Trinklied zum Besten geben und die Bedienung das Fürchten lehren.

27. Leeren Sie eine unsinnig teure Flasche Alkohol

Wir verbringen unser Leben damit, das Beste aus nichts zu machen. Und reden uns deshalb ein: »Was soll's? Schnaps ist Schnaps. Was soll der teure Stoff? Werde ich davon etwa betrunkener?« In einer besseren Welt – wer weiß? Aber wenn Sie sich entschieden haben, den Quantensprung zu wagen, werden Sie schnell feststellen, dass es Dinge gibt, für die es sich zu bezahlen lohnt. Sonst wären die Reichen eine Horde gutgläubiger Hornochsen. Aber sehen Sie selbst.

28. Schauen Sie sich mit vier engen Freunden »Barfly« an

Zweifellos der beste Säuferfilm, der je das Licht der Leinwand erblickt hat. Stellen Sie ausreichend Getränke kühl, um bis zum Ende mittrinken zu können.

29. Brauen Sie Ihr eigenes Bier, brennen Sie Ihren eigenen Schnaps

Das Äquivalent zu »Stroh zu Gold spinnen«, nur dass das flüssige Gold Sie betrunken macht. Es gibt kaum ein besseres Gefühl, als sich mit dem aus den unscheinbarsten Ingredienzien selbsthergestellten Stoff volllaufen zu lassen. Wenn Sie es einmal ausprobiert haben, werden Sie fortan mit der Gewissheit leben, dass, komme, was da wolle, für Ihren Alkoholpegel immer gesorgt sein wird.

30. Klauen Sie eine Flasche Schnaps

Verboten? Na logisch. Ein geiles Gefühl? Aber hallo. Wichtig ist natürlich, sich nicht erwischen zu lassen.

Deshalb umsichtig planen. Nichts schmeckt süßer als gestohlener Schnaps.

31. Beginnen Sie Ihre lang erwartete Autobiographie mit dem Titel »Ich und der Schnaps – Eine Liebesgeschichte«

Sie müssen sie ja nicht zu Ende schreiben. Die wenigsten schaffen das. Es geht darum, zu untermauern, dass Ihr bewegtes und aufregendes Leben eine rechtfertigt. Streben Sie dieses Ziel langfristig an.

32. Gehen Sie besoffen in die Kirche

Natürlich nicht so besoffen, dass man Sie gleich als Abgesandten von Teufel Alkohol anprangert. Aber doch so angeschickert, dass die ansonsten ermüdend langweilige Predigt komisch wirkt. Es heißt oft, Alkohol bringe einem Gott näher. Nun überlegen Sie mal, wie nahe Sie Ihm kommen, wenn Sie sich volltrunken in Seinem Haus niederlassen.

33. Arbeiten Sie wenigstens eine Woche als Barkeeper

Sie werden die Kultur des Saufens nie gänzlich verstehen, wenn Sie nicht mindestens eine Woche hinterm Tresen gestanden haben. Das Mitgefühl, das sich in Ihr Inneres einschleicht, wird Ihre Trinkgewohnheiten für immer verändern.

Benimmregeln für Betrunkene

Moderne Manieren für moderne Trinker

Problem: Während Sie die Habseligkeiten Ihres Zimmergenossen »katalogisieren«, stoßen Sie rein zufällig auf eine versteckte Flasche Schnaps.

Lösung: Sie können annehmen, Ihr Zimmergenosse habe die Flasche versteckt, um sie Ihnen zu einem späteren Zeitpunkt zu schenken. Wenn Sie wollen, können Sie die Feierlichkeiten vorverlegen und schon mal einen Schluck probieren. Sollte Ihr Zimmergenosse bei seiner Rückkehr Einwände erheben, lamentieren Sie beleidigt: »Geschenkt ist geschenkt, wiederholen ist gestohlen«, und ziehen ihm die leere Flasche durchs Gesicht.

Problem: Sie sind schon so angeschickert, dass Sie rückwärts auf eine Party torkeln.

Lösung: Was immer Sie tun, geben Sie niemals zu, dass Sie betrunken sind. Das würde Ihre Gastgeber nur dazu veranlassen, ihren Getränkekonsum zu kontrollieren. Erzählen Sie ihnen stattdessen, dass Sie lediglich spielerisch das Jung'sche Konzept nachempfinden, dem zu folge die Zukunft ein Reservoir der Hoffnung, die Gegenwart ein Gefängnis des Irrsinns und die Vergangenheit ein Schrank voller Ängste ist und Sie nichts weiter tun, als Ihre Ängste im Auge zu behalten, um auf diese Weise ein besserer Mensch zu werden. Sollten sie über Ihre Erklärungsversuche die Nase rümpfen, können Sie eindringlich demonstrieren, wie irrsinnig es im Gefängnis der Gegenwart zugeht.

Problem: Ihr Dinner-Partner bestellt einen sündhaft teuren Bordeaux, von dem Sie noch nie gehört haben, und überlässt Ihnen die Wahl des Jahrgangs.

Lösung: Ganz offensichtlich zieht Ihr Gefährte eine Nummer ab, mit dem Ziel, Sie zu demütigen. Die beste und einzige Antwort ist, sich an den Sommelier zu wenden und einen barschen Ton anzuschlagen: »Jedes Kind weiß, dass bei diesem Wein nur ein einziger wirklich anständiger Jahrgang in Frage kommt, und wenn Sie den nicht gleich bringen, bleibt mir nichts anderes übrig, als meinen Chauffeur hereinzubitten, damit er Ihnen die Nase poliert.«

Problem: Ihr Dinner-Partner verwechselt seinen Martini mit einer Fingerschüssel.

Lösung: Er fischt vielleicht nach der Olive. Wenn nicht, warten Sie ab, bis er seinen unverzeihlichen Fauxpas beendet hat, woraufhin Sie ihm – mit den Worten »Ihr Gesicht scheint auch schmutzig zu sein« – den Martini ins Gesicht schütten sollten. Wenn er laut aufschreit und sich über brennende Augen beklagt, fügen Sie hinzu: »Wasser brennt nicht, es sei denn, Sie sind des Teufels.«

Problem: Nach dem Dinner folgen Sie aus Versehen den Ladys in den Salon, anstatt den Herren bei Brandy und Zigarren in der Bibliothek Gesellschaft zu leisten.

Lösung: Ein nahezu unverzeihlicher Fehler. Sie müssen umgehend versuchen, die Situation zu retten, sonst verlieren Sie vor den alten Herren das Gesicht. Sobald Sie Ihres Irrtums gewahr werden, müssen Sie sich sofort in die Bibliothek begeben und beim Eintreten ausrufen: »Von hinten sehen die Ladys aus wie Männer.« Sollte diese Äußerung missbilligendes Stirnrunzeln oder gar unverhohlene Abscheu hervorrufen, bleibt Ihnen nichts weiter übrig, als unter Tränen zu gestehen, dass Sie ein Hermaphrodit sind.

Problem: In einem seltenen Augenblick geistiger Klarheit wird Ihnen bewusst, dass Sie für Ihre derzeitigen Freunde viel zu cool sind.

Lösung: Wenn Sie stetig die gesellschaftliche Leiter emporklettern, wird Ihnen dies mit schöner Regelmäßigkeit widerfahren. So grausam es scheinen mag, Sie müssen unverzüglich mit ihren hinterwäldlerischen Freunden brechen. Allerdings verbietet die Etikette, dass Sie einfach verkünden: »Ihr Lahmärsche schlagt mir so was von aufs Gemüt.« Teilen Sie Ihnen lieber freundlich mit: »Ich glaube, ich bekomme eine Erkältung. Ich werd mal die Snobs da drüben anstecken gehen.« Daraufhin können Sie sich Ihrem neuen gesellschaftlichen Zirkel anschließen, ohne fürchten zu müssen, einer Ihrer räudigen Exgenossen könnte Ihnen folgen.

Problem: Ein Fremder im Zug bemerkt, wie Sie einen kleinen Frischmacher aus dem Flachmann nehmen.

Lösung: Wirkt er neidisch oder sogar irritiert? Bei Ersterem können Sie ihm ruhig einen freundschaftlichen Schluck anbieten. Behalten Sie vorsichtshalber die Hand an der Flasche, während er trinkt, und achten Sie darauf, dass er keinen »russischen Zug« nimmt. Wirkt er allerdings irritiert, können Sie ihm keck entgegenschleudern: »Das letzte Mal, als ich so abgefüllt war, habe ich einem vollkommen Fremden die Zähne eingeschlagen, nur weil er es gewagt hat, mich anzustarren.«

Problem: Sie übergeben sich, während Sie in einem Restaurant dem Alkohol zusprechen.

Lösung: Hat es der Kellner bemerkt? Wenn nicht, werfen Sie zufällig die Weinflasche um, und zwar dahin, wo Ihr Missgeschick gelandet ist. Bücken Sie sich, um sie aufzuheben. Schrecken Sie schockiert wieder hoch und rufen Sie mit zugehaltener Nase: »Grundgütiger, der Wein ist ja voller Gammelfleisch!« Fordern Sie beim Kellner unverfroren eine neue Flasche. Hat der Kellner allerdings von Ihrer kleinen Unpässlichkeit Notiz genommen, bleibt Ihnen nichts weiter, als Ihre Serviette zu Boden zu schleudern und zu behaupten, der Wein wäre vergoren, bevor Sie erhobenen Hauptes den Rückzug antreten.

Problem: Sie sitzen mit einem neuen Verehrer im Salon und der gesteht Ihnen, er mache sich nicht das Geringste aus alkoholischen Getränken.

Lösung: Bedenken Sie ihn mit einem langen stummen Blick, um ihm Gelegenheit zu geben, sich für seinen schlechten Scherz zu entschuldigen. Sollte er jedoch seine lächerliche Bemerkung nicht postwendend widerrufen, geben Sie ihm mit einem freundlichen Lächeln zu verstehen: »Ach, wie amüsant. Geradezu erschreckend amüsant. Aber jetzt verpissen Sie sich gefälligst zurück in ihre Sonntagsschule oder wo sonst man Ihnen derart ins Hirn geschissen hat, Sie perverser Freak.«

Problem: Während Sie Ihrem Freund diskret bei einem Flirt zur Seite stehen, stellen Sie fest, dass das Objekt seiner Begierde Ihnen schöne Augen macht.

Lösung: Seien Sie sich bewusst, dass ein One-Night-Stand zumeist ein flüchtiges Abenteuer bleibt, während Freundschaften ein Leben dauern können. Deshalb müssen Sie unbedingt warten, bis Ihr Freund die Toilette aufsucht. Dann können Sie diskret Ihre Anmache starten, indem Sie ankündigen, in einer Viertelstunde in Richtung eines eleganteren Etablissements aufzubrechen. »Wir können uns dort treffen, es sei denn, Sie sind fest entschlossen, die unterdrückte Homosexualität meines lieben Freundes zu kurieren, von der weder seine behinderte Frau noch seine drei Kinder je etwas geahnt haben.«

Problem: Geistesabwesend stochern Sie mit Ihrer Gabel nach der Martini-Olive.

Lösung: Wie jedem gebildeten Trinker geläufig sein sollte, ist es ausschließlich zulässig, die Olive mit den Fingern herauszufischen und sie sich sodann standesgemäß in den Mund zu werfen. Allerdings können Sie die Situation noch retten, indem Sie die Olive mit ausholender Geste durch den Raum schleudern und ungerührt verkünden: »Verdammt, das war der größte Mistkäfer, der mir jemals untergekommen ist. Seid ihr sicher, dass dieser Laden in Ordnung ist?«

Problem: Sie stellen fest, dass die Dame, die Sie gerade unverschämt anbaggern, die Frau des Gastgebers ist.

Lösung: Wenn der aufgebrachte Gatte auf Sie zusteuert, sagen Sie laut und vernehmlich: »Ich werde mich doch nicht auf ein billiges Intermezzo mit Ihnen einlassen, Sie unverfrorenes Flittchen. Ist Ihnen nicht klar, dass Ihr Mann ein enger Freund von mir ist?« Der irritierte Gastgeber wird mit ziemlicher Sicherheit seine Frau zu einer ernsten Unterredung beiseitenehmen. Versuchen Sie aus gebührender Entfernung herauszufinden, welchen Verlauf die Diskussion nimmt. Hat es den Anschein, dass die Dame sich durchsetzt, trinken Sie möglichst viel Whisky, denn Ihr Verweilen an diesem Ort neigt sich in rasantem Tempo dem Ende zu.

Problem: Sie lassen sich in der Wohnung eines guten Freundes volllaufen, und plötzlich entscheiden Ihre Gastgeber, dass Sie genug haben, und verweigern Ihnen weitere Erfrischungen.

Lösung: Hier handelt es sich nicht nur um eine extrem unangenehme Situation, sondern darüber hinaus auch um eine grobe Beleidigung. Zuerst müssen Sie sich natürlich fragen: »Habe ich wirklich einen zu viel?« Worauf die logische Antwort nur lauten kann: »Natürlich nicht, sonst würde ich mir die Frage gar nicht mehr stellen können.«

Dann müssen Sie nicht nur Ihre Reputation als harter Trinker retten, sondern auch für alle vernehmlich klarmachen, dass man so nicht mit Ihnen umspringen kann. Zumindest nicht ohne schwerwiegende Konsequenzen.

Stellen Sie also zunächst fest, ob Ihr Gastgeber größer ist als Sie. Wenn nicht, können Sie ihm, ohne Ihre Würde zu riskieren, die Flasche entreißen und damit nach draußen flüchten. Leeren Sie die Flasche in den Büschen oder im Treppenhaus. Kehren Sie daraufhin gutgelaunt auf die Party zurück und weisen Sie alle Anwesenden eindringlich darauf hin, dass niemand, aber auch niemand versuchen sollte, Ihnen die Laune zu vergällen.

Ist Ihr Gastgeber allerdings größer als Sie, müssen Sie all Ihre List einsetzen, Ihre Ehre zu retten. Jammern und Betteln hilft in diesen Situationen nicht weiter. Also vergessen Sie's.

Teilen Sie dem Gastgeber stattdessen in aller Form mit, dass Sie in der Tat »genug haben«, und geben Sie vor, Ihr Jackett anzuziehen. Wenn dadurch die Aufmerksamkeit des Gastgebers nachlässt, werfen Sie ihm das Jackett über den Kopf. Schnappen Sie sich möglichst viele Flaschen und geben Sie schleunigst Fersengeld.

Problem: Sie erwachen aus einer kurzen Bewusstlosigkeit und stellen fest, dass Sie im Begriff sind zu heiraten.

Lösung: Eine beunruhigende Situation, gewiss, trotzdem müssen Sie Ruhe bewahren. Handelt es sich um eine aufwendige Hochzeit? Eine prunkvolle Zeremonie ist ein starkes Indiz dafür, dass bei der Feier große Mengen hochklassiger Getränke angeboten werden. Auch die Hochzeitsreise dürfte an Orte führen, an denen exquisite Genüsse zu erwarten sind. Deshalb sollten Sie in diesem Fall unbedingt mit »Ja, ich will« antworten und erst nach der Hochzeitsreise die Annullierung der Ehe wegen seelischer Grausamkeit beantragen.

Sollten Sie dagegen den Eindruck haben, es handelt sich um eine Blitzhochzeit im Las-Vegas-Stil, täuschen Sie unverzüglich einen Herzanfall vor. Greifen Sie sich mit dramatischer Geste ans Herz, ehe Sie sich einmal um die eigene Achse drehend zu Boden sinken lassen. Warten Sie das Eintreffen der Ambulanz ab und lassen Sie sich von den Sanitätern aus der Gefahrenzone tragen. Wenn der Krankenwagen vor der Notaufnahme hält, können Sie von der Trage springen und sich mit einer leichten Verbeugung in Richtung des diensthabenden Personals empfehlen.

22 Anzeichen dafür, dass Sie ein Säufer sein könnten

1. Drei verschiedene Schnapsladenbesitzer sprechen von Ihnen als »dem Typ, der mein Boot finanziert hat«.

2. Sie rauchen nur, wenn Sie trinken, paffen aber trotzdem drei Päckchen am Tag weg.

3. Ihre Frau ahnte nicht, dass Sie trinken, bis sie Sie nüchtern erlebte.

4. »Noch eben ein Bier trinken gehen« bedeutet für Sie unter Umständen, drei Tage später in einer anderen Stadt aufzuwachen.

5. Sie messen die Zeit in Drinks. Etwa: »Bleib mal zwei Fingerbreit dran, der Film fängt erst in vier Bourbons an.«

6. Sie spielen nachts um drei denselben Song zwanzigmal hintereinander in voller Lautstärke. Und sind überzeugt, die Nachbarn haben nichts dagegen, weil er so phantastisch rockt.

7. Sie werden wütend, wenn diese Typen, die ihr Bier nicht bei sich behalten können, Ihnen auf die Finger treten.

8. Sie vergessen manchmal, wie Reißverschlüsse funktionieren.

9. Ihre Altersvorsorge hat den Gegenwert von einer Kiste Bier und einer Flasche Fusel. Und darauf sind Sie auch noch stolz.

10. Sie haben noch nie etwas Nicht-Alkoholisches zu sich genommen, ohne zu denken: »Ein Schuss Brandy würde dem ganz guttun.«

11. Sie denken das auch, wenn Sie eine Praline sehen.

12. Sie halten Nabokov für eine Wodkamarke.

13. Ihre Freunde müssen sich wie Barkeeper verhalten, damit Sie sie nicht völlig ignorieren.

14. Nachts werden Sie vom Weinen Ihrer Leber wach.

15. Sie kochen stets mit Wein, und manchmal geben Sie auch einen Schuss zum Essen dazu.

16. Die meisten Türsteher der Stadt wissen genau, wie viel Sie wiegen.

17. Sie würden viel öfter in die Kirche gehen, wenn sie dort nicht so knauserig mit dem Wein umgingen.

18. Sie holen sich auf die Bierwerbung im *Playboy* einen runter.

19. Ihr Bürostuhl ist ein Barhocker.

20. Seit Ihr Arzt gesagt hat, Sie sollten Ihren Alkoholkonsum im Auge haben, trinken Sie nur noch in Bars mit einem Spiegel hinterm Tresen.

21. Sie können sich vortrefflich über die richtige Art, aus einem fahrenden Auto zu kotzen, streiten.

22. Wenn die rosa Elefanten ins Delirium fallen, sehen diese Sie.

Barhockerträume

Was einem Säufer durch den Kopf geht

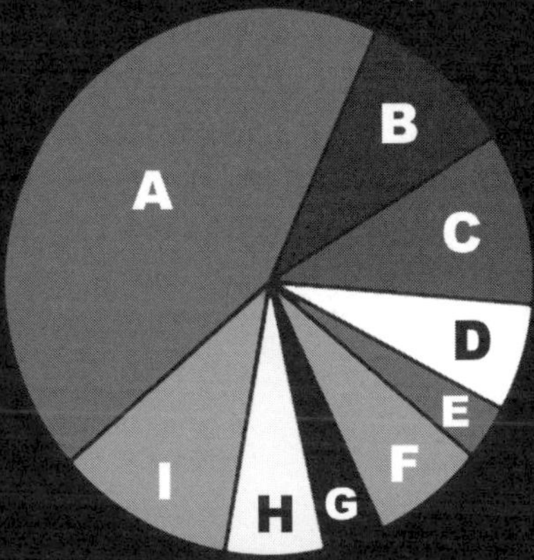

A: Trägt die Barfrau einen BH?

B: Wie viele Drinks kann ich mir von meinem letzten Zwanziger noch leisten?

C: Hat die Brünette mit dem leeren Glas es auf mich oder meinen Zwanziger abgesehen?

D: Wie komme ich nachher nach Hause?

E: Wie soll ich ohne Job meine Miete bezahlen?

F: Stehen die auf dem Klo schon wieder Schlange?

G: Wann spielt die Jukebox endlich meine Stücke?

H: Ob die Barfrau mich schneller bemerkt, wenn ich laut »Feuer, in meinen Eingeweiden brennt ein Feuer« rufe?

I: Wieder Zeit für einen Kurzen?

2
Die bacchantischen Tempel

- Lernen Sie Ihren Barkeeper kennen
- Die Kneipensignale
- Die besten Trinkertricks
- Ruhm und Ehre nach der Sperrstunde

Lernen Sie Ihren Barkeeper kennen

Versuchen Sie mal, sich in einer Bar zu betrinken, die keinen hat

Barkeeper sind eine ganz besondere Spezies. Sie sind viel mehr als bloße Alkoholausschenker – wenn das die Summe ihrer Fähigkeiten beschriebe, würden sie nicht mehr verdienen als der Gehilfe im Getränkemarkt. Nein, ein Barkeeper schultert eine viel schwerere Bürde, er muss gleichzeitig Alchimist, Gastgeber, Entertainer, Psychiater, Rausschmeißer, Ersatzvater, Vermittler und Anbahner sein. Für einen Säufer ist er nichts weniger als der Wächter an der Pforte des Paradieses.

Dieser Titel verleiht eine Menge Macht. Manche wissen sie mit Stil und Klasse auszuüben, manche eher nicht. Auf jeden Fall aber treten sie in allen möglichen Varianten auf. Die Palette reicht vom Sibirischen Tiger bis zum Vorstadtkätzchen. Von Männern in schwarzen Anzügen, die Harry's Bar in Paris regieren, bis zu den ungehobelten Burschen in ungezählten Kaschemmen, von erfahrenen Profis bis zu Kids, die sich damit ihr Studium verdienen. Ein eingeschworener Trinker wird im Leben den verschiedensten Typen begegnen, und wenn er in der Lage ist, sie zu erkennen und einzuschätzen, wird ihm das stets zum Vorteil gereichen.

Die Mixmaschine

Dieser Hochgeschwindigkeitstechniker kann Unentschlossenen gegenüber schnell ungeduldig und harsch werden, dennoch ist es eine Freude, ihm zuzusehen. Ohne jegliche überflüssige Bewegung gelingt es ihm, 15 verschiedene Drinks zu mixen, und zwar schneller, als der gemeine Gast sein Portemonnaie zücken kann. Alles, was Sie je über das wundersame

Geheimnis des Mixens gelernt haben, wird von den überschallschnellen Bewegungen dieses Cyborgs hinweggefegt. Gesprächig ist er natürlich nicht, und nicht nur deshalb mag es ein wenig unbehaglich sein, ihm gegenüberzusitzen (was, wenn eines seiner Ventile blockiert und er explodiert?). Dafür müssen Sie auch nicht auf Ihren Drink warten. Wenn Sie ihm lange genug bei der Arbeit zuschauen, könnte Sie das Gefühl überkommen, dass er Sie nicht als menschliches Wesen, geschweige denn als Gast sieht, sondern lediglich als winziges Rädchen im riesigen Getriebe seiner Getränkeverteilfabrik.

Pro: Übermenschlich schnell, atemberaubende Technik.
Contra: Ihr Cocktail schmeckt nicht immer so, wie er sollte, und Sie fühlen sich möglicherweise zur Fassade degradiert.
Was er sagt: »Los, los, was soll's sein?«
Was er meint: »Mach schon, du Lahmarsch.«
Biotop: Große, laute Bars.

Die Abzockerin

Sie ist nur an einem interessiert, und das steckt in Ihrer Hose. Nein, nicht das, sondern Ihr Geldbeutel. Sie umgarnt Sie, bis sie herausgefunden hat, welcher Trinkgeldtyp Sie sind. Sind Sie großzügig, rollt sie den roten Teppich aus und behandelt Sie wie einen Prinzen. Mittelmäßige Trinkgeldgeber kriegen mittelmäßigen Service, miese genau das, was sie verdienen.

Hier offenbart sich das wahre Gesicht des Kapitalismus. Sie stehen besser da, wenn Sie brav die Maschine schmieren und die kalte Berechnung hinter dem strahlenden Lächeln ignorieren.

Pro: Guter Service ist käuflich.
Contra: Guter Service muss erkauft werden.
Was sie sagt: »Der geht aufs Haus.«
Was sie meint: »Wenn du was springen lässt, kann die Kasse außen vor bleiben.«
Biotop: Überall.

Der beste Kumpel

Mit ihr können Sie Pferde stehlen. Sie ist nicht bloß scharf auf Ihr Trinkgeld, sie hat wirklich Spaß an der Sache. Der Kumpeltyp besitzt eine ansteckende Fröhlichkeit und vermittelt stets den Eindruck, die Gäste stünden ihr näher als ihr Boss. Ganz egal, welche Unverschämtheit Sie sich leisten, wenn Sie sternhagelvoll sind, sie wird Sie am nächsten Tag immer mit einem Lächeln und einem Scherz über den »gelungenen Abend« willkommen heißen.

Sie bedient schnell und schenkt gut ein. Der Druck ihres Berufsstandes hat sie noch nicht zynisch gemacht. Genießen Sie ihre Gegenwart, solange das Elend ihres Jobs noch keine Spuren bei ihr hinterlassen hat.

Pro: Aufmerksam, großzügig beim Einschenken, gute Laune versprühend.
Contra: In der Kneipe macht sich Anarchie breit, schnell ausgebrannt.
Was sie sagt: »Mann, da haben Sie gestern aber ein Feuerchen entfacht, die halbe Bar ist abgebrannt. Das Übliche?«
Was sie meint: »Wow, ich werde fürs Feiern bezahlt.«
Biotop: Die Kneipe um die Ecke.

Der Frauenschwarm

Wenn Sie eine Frau sind, werden Sie diesen Burschen lieben. Er achtet immer darauf, Sie prompt zu bedienen, hat immer für einen kleinen Plausch Zeit (wobei er aber früher oder später anzüglich wird), und er hält Sie regelmäßig mit Drinks frei. Sind Sie allerdings ein Mann, dann sollten Sie ein Männermagazin mitbringen und sich auf eine lange Wartezeit einrichten. Keine Sorge, er hat Ihr leeres Glas durchaus bemerkt, findet es nur absolut unmöglich, die phantastische Geschichte zu unterbrechen, die er gerade den Mädels am anderen Ende der Bar erzählt.

Pro: Hat einen Schlag bei Frauen.
Contra: Selektive Wahrnehmung, zu viel primitive Macho-Energie.
Was er sagt: »Hab Sie gar nicht gesehen dahinten.«
Was er meint: »Lass dir ein paar Titten wachsen.«
Biotop: Fitnessstudio-Bar, Einkaufscenter-Kneipe.

Der Tresengott

Er thront (zumindest glaubt er das) hinter der Bar wie Zeus auf dem Olymp und lässt seinen Blick über seine Untertanen schweifen. Keine Frage, er ist kompetent, aber hinter dieser Kompetenz lauert Verachtung. Er möchte ja nur eine ordentliche Bar führen, aber statt mit ehrenwerten Gästen muss er sich mit Amateursäufern, Neureichen, Provinztrotteln, Schnapsdrosseln, Vollidioten und Flachwichsern herumschlagen. Egal was Sie bestellen, Sie haben das Gefühl, abschätzig gemustert zu werden. Das Urteil steht von vornherein fest: Du bist ein Schwachkopf. Kleines Bier? Weichei. Guinness? Angeber. Jack pur? Alki. Mojito? Pseudohipper Yuppie-Arsch. Wenn Sie unentschlossen die Getränkekarte konsultieren, wird er Sie mit verächtlichen Blicken strafen, denn ginge es nach ihm, müsste jeder vor dem Betreten der Bar eine schriftliche und mündliche Prüfung ablegen. Oh ja, er versteht es, einen perfekten Pousse-Café aufzuschichten, aber wenn Sie einen bestellen, wird er angewidert die Augen verdrehen. Warum? Weil Sie nichtswürdiger Ignorant sein Kunstwerk ruinieren, wenn Sie es austrinken.

Pro: Kennt alle Rezepte, ist bei großzügigen Trinkgeldern durchaus entgegenkommend.
Contra: Seine abweisende Arroganz gibt Ihnen das Gefühl, nicht erwünscht zu sein.
Was er sagt: »Eine Extrascheibe Limone?«
Was er meint: »Zu einem Gin Tonic gehört exakt eine Scheibe Limone, du unzivilisiertes Würstchen.«
Biotop: Edelbars.

Der Profi

Dieser Gentleman betrachtet seinen Beruf nicht einfach als Möglichkeit, die Miete zu bezahlen, sondern als Berufung, der er mit der Hingabe und Leidenschaft eines Künstlers nachkommt. Als Virtuose unter Dilettanten verhält er sich zum gemeinen Zapfer wie der Safeknacker zum Handtaschenräuber. Sie haben ihn schon in *The Shining* bewundert, er hat aber zum Glück nicht Lloyds diabolischen Hintergrund. Er ist stets unaufdringlich, ein elegant gekleideter, geduldiger Zuhörer. Weltgewandt, doch bescheiden – der Traum eines jeden Trinkers. Höchstwahrscheinlich besitzt er eine Sammlung von Cocktailführern aus der Zeit der Jahrhundertwende, die er selbstverständlich alle gelesen hat. Und er weiß, dass ein perfekt zubereiteter Cocktail zu den wenigen wahrhaft himmlischen Dingen zählt, die uns Sterblichen auf dieser Welt vergönnt sind.

Pro: Höflich, gewandt, gibt Ihnen den Glauben an die Welt zurück.
Contra: Sein formvollendetes Benehmen kann auf unstete Trinker leicht einschüchternd wirken. Vom arroganten Tresengott trennt ihn oft nur ein kleiner Schritt.
Was er sagt: »Womit kann ich dienen?«
Was er meint: »Du wirst staunen, wie gut ich bin.«
Biotop: Tendenziell überall, besonders häufig aber in den Bars großer Hotels.

Der Angeber

Man hat sofort den Eindruck, der Typ hat sich einmal zu oft den Film *Cocktail* angeguckt. Deshalb benimmt er sich auch nicht wie ein Barkeeper hinterm Tresen, sondern wie ein Artist auf der Bühne. Er jongliert mit Flaschen und macht aus dem Öffnen einer Bierflasche eine japanische Teezeremonie. Er ist auf dem Weg zum Ruhm, sobald sein bescheuerter Agent ihn endlich beim Fernsehen unterbringt. Und bis dahin ist er zumindest hier der Star und Sie sein unwürdiges Publikum.

Pro: Lustig, wenn ihm die Flaschen runterfallen.
Contra: Schlecht gemixte Drinks und lahme Bedienung.

Was er sagt: »Vorsicht! Oh, haben Sie was abbekommen?«
Was er meint: »Warum verschwende ich meine Kunst nur an solche Idioten?«
Biotop: Clubs, Schickmicki-Läden.

Die Titten-Tussi

Das weibliche Gegenstück zum Frauenversteher. Sie setzt auf die Sexkarte und nimmt jede Gelegenheit wahr, die sich ihr bietet. Warum so komplizierte Dinge wie Zapfen oder Mixen lernen, wenn man seine Unfähigkeit mit Kichern und süßem Gestammel kaschieren kann. Bar- und Kneipenbesitzer lieben diesen Typ. Sie locken einsame Männer an den Tresen, und einsame Männer tendieren zu überhöhtem Alkoholkonsum. Da spielt es keine Rolle, dass sie sich keine Bestellung merken kann und langsamer ist als ein altersschwacher Toyota mit Getriebeschaden. Dafür hat sie dicke Titten.

Pro: Erfreut das Auge, verbreitet gute Laune und vermittelt den Eindruck, sie würde vielleicht auch privat mit Ihnen ausgehen.
Contra: Lahmarschig, unfähig, und natürlich geht sie doch nicht mit Ihnen aus.
Was sie sagt: »Hoppla, jetzt habe ich Ihren Drink verbaut.«
Was sie meint: »Guck dir meine Titten an und bestell einen neuen.«
Biotop: Studentenkneipen und Stripschuppen.

Das gefrorene Lächeln

Bei der ersten Begegnung kann sich das ungute Gefühl einstellen, sich bei Burger King zu befinden. Aber diese Spezies versteht durchaus ihr Handwerk und ist extrem aufmerksam. Die Frage »Darf es noch was sein?« kann man schon fast als Nötigung empfinden. Für gewöhnlich ist dieses Verhalten eine Folge aggressiver Vorgesetzter. Auffällig ist die geradezu zwanghafte Marotte, Bierdeckel immer streng nach Vorschrift zu benutzen. Außerdem werden Sie, kaum dass Sie den ersten

Schluck getrunken haben, mit der Frage konfrontiert, ob mit Ihrem Bier alles in Ordnung ist.

Pro: Schnelle Bedienung, null Eitelkeiten.
Contra: Schenkt exakt bis zum Strich ein, null Charakter.
Was er sagt: »Sie wollten einen Doppelten?«
Was er meint: »An einem Doppelten verdient das Haus mehr als an einem einfachen.«
Biotop: Mittelmäßige Hotelbars.

Der in Ehren ergraute Veteran

Der Mann stand schon hinterm Tresen, als die Untersetzer noch aus gestärkter Spitze waren. Er verfügt über einen unerschöpflichen Vorrat an Trinkergeschichten, die er bei passender Gelegenheit zum Besten gibt. Sein Lebensüberdruss und seine in ungezählten Jahren erworbene Würde sind sicher keine Garanten für zügige Bedienung, dafür wird er Ihnen stets einen exzellent gemixten Drink vorsetzen. Achten Sie darauf, es sich nicht mit ihm zu verderben, denn Veteranen haben ein Elefantengedächtnis und werden schlechtes Benehmen weder vergessen noch verzeihen.

Pro: Kompetent und weise, wird niemals unter Stress zusammenbrechen.
Contra: Tendiert dazu, Stammgäste zu bevorzugen, und kann Fremden gegenüber unwirsch werden.
Was er sagt: »An diesem Platz hat Dean Martin gesessen.«
Was er meint: »Sogar im Endstadium hatte Dean Martin mehr Klasse als du.«
Biotop: Gehobene Kneipen und unscheinbare Bars.

Die Zicke

Sie hasst ihren Job, ihren Chef, ihre Kunden, und sie lässt es Sie spüren. »Warum nur bin ich in diesem Drecksloch gelandet?«, lamentiert sie. »Und warum bin ich nur von Arschlöchern umgeben?« Zusehen, wie sie einen Drink eingießt, ist, als beobachte man eine manisch-depressive Postangestellte beim Portoberechnen. Zeigen Sie ihr gegenüber nur den leisesten Hauch Mitgefühl, versucht sie Sie in einen Streit mit einem ihrer zahllosen »Feinde« zu verwickeln, von denen nicht die wenigsten Stammgäste sind.

Pro: Wenn Sie sie dazu bringen, über ihren Chef herzuziehen, wird sie Ihnen äußerst großzügig einschenken.
Contra: Saugt Ihnen gnadenlos die Lebensgeister aus.
Was sie sagt: »Scheiße, ist denn nie Feierabend?«
Was sie meint: »Scheiße, ist denn nie Feierabend?«
Biotop: Schäbige Spelunken.

Der Stammkellner

Er liebt seine Stammgäste, und sie lieben ihn. Er bevorzugt sie schamlos und lässt es alle anderen spüren. Er erinnert an den Typ von der Schule, der allein ganz okay war, zusammen mit seinen Kumpels aber unausstehlich. An seinem Tresen herrscht ein ausgeklügeltes Kastenwesen, und als Neuankömmling zählen Sie etwa so viel wie die Kippe im Aschenbecher. Wichtig ist es, als Stammgast anerkannt zu werden. Was gut und gerne fünf Jahre dauern kann.

Pro: Loyal bis zum Gehtnichtmehr.
Contra: Es dauert, ihm auch nur das leiseste Anzeichen von Empathie zu entlocken.
Was er sagt: »Neu in der Gegend?«
Was er meint: »Du giltst so lange als neu hier, bis dieser Barhocker unwiderruflich die Form deines Arsches angenommen hat.«
Biotop: Nachbarschaftskneipen.

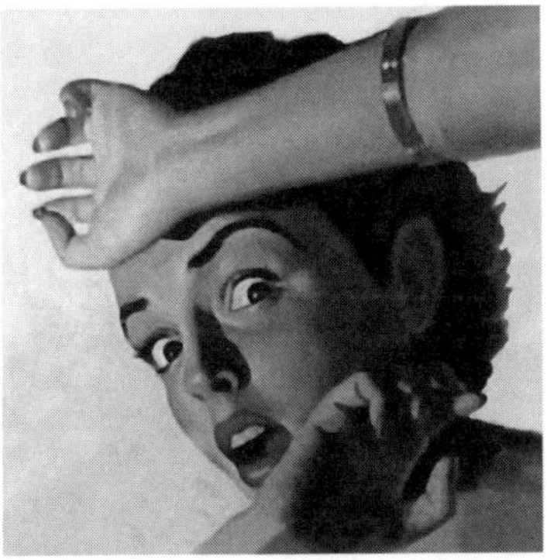

Der überforderte Frischling

Man erkennt ihn daran, dass er dreinschaut wie ein im Scheinwerferlicht erstarrtes Reh. Dieser bemitleidenswerte Tropf ist neu im Geschäft und fürchtet, Sie würden ihn umbringen, weil er Ihren Wodka auf Eis versaut. Ein Cocktail, dessen Zutaten nicht unmissverständlich im Namen enthalten sind, versetzt ihn in Panik. Einen Margarita zu mixen, würde ihn überfordern. Allerdings hat er auch seine Vorzüge. Wenn er nicht gerade unter strenger Beobachtung seines Chefs steht, kann man ihn hervorragend manipulieren: »Dieser Gin Tonic war schon fast perfekt, allerdings musst du das Glas bis zum Strich mit Gin füllen und dann einen Spritzer Tonic dazugeben.« Seien Sie nachsichtig mit ihm, und er wird es Ihnen ein Leben lang danken.

Pro: Leicht zu manipulieren.
Contra: Lahm, inkompetent und zu keiner Unterhaltung fähig.
Was er sagt: »Whisky-Cola? Was gehört da nochmal rein?«
Was er meint: »Jetzt machst du mich fertig, oder?«
Biotop: Halbangesagte, schlecht laufende Boheme-Bars.

Die Kneipensignale

Solange die Wörter herauspurzeln, geht der Schnaps nicht rein

Lass uns auf einen Deckel trinken und am Schluss brüderlich teilen. Weil ich wahrscheinlich mehr trinken kann als du.

Ich habe gerade mein Hirn abgeschaltet.
Ich bin für nichts mehr verantwortlich.

Ich schnorre heute wie Django.
Deckel? Django zahlt heut nicht.

Du wirst hübscher aussehen, wenn du uns einen ausgibst.
Das wirkt besser als Botox.

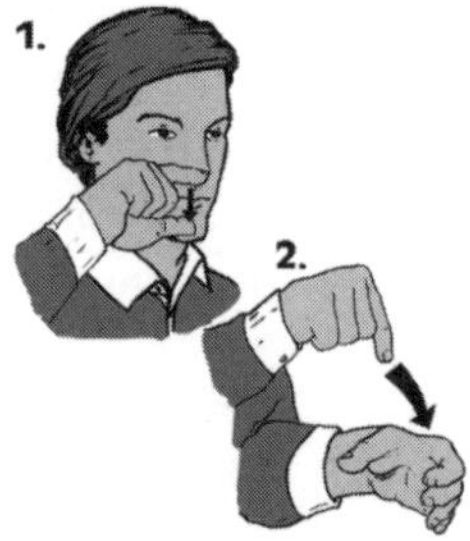

Halt die Klappe und geh Bier holen. Wenn ich mich an einem Drink festhalten kann, siehst du wenigstens besser aus.

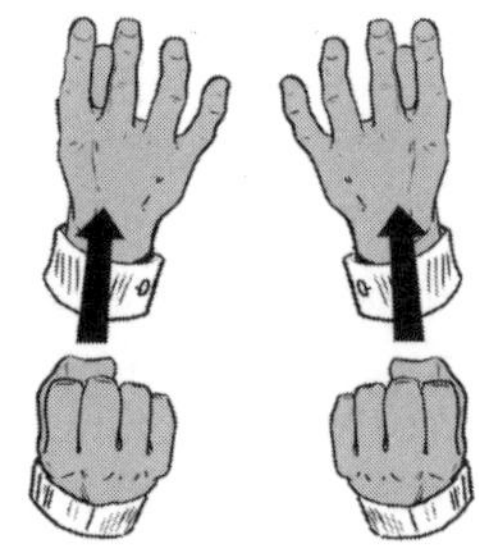

Lass uns die Ketten sprengen.
Wir werden kreisen wie betrunkene Adler.

Ich will die Welt durch den Grund des Glases betrachten.
Bitte, bitte, haltet mich auf.

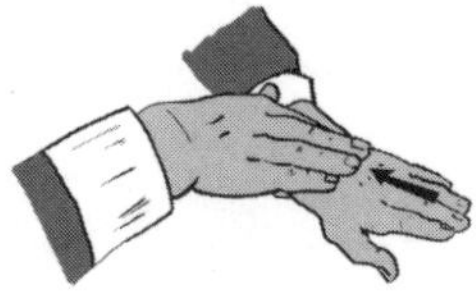

Danke, dass Sie mir einen ausgeben.
Jetzt werde ich meine Todeskralle wieder einfahren.

Der Alkohol hat mir die Zunge verdreht.
Alles, was ich sage, ist gelogen, aber ich mag Sie wirklich.

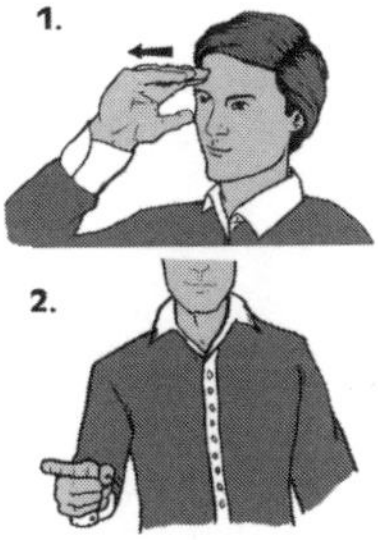

Sie bestimmen den Kurs.
Ich folge Ihnen in die Tequilahölle, o Käpt'n, mein Käpt'n.

Ich wollte, ich hätte den letzten Schnaps nicht getrunken.
Schätze, ich muss das rückgängig machen.

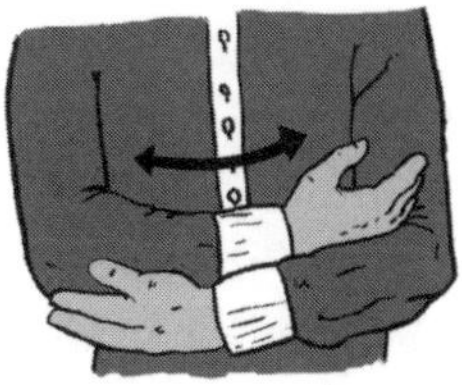

Ich wiege meinen Kater.
Reden Sie nicht so laut, sonst wacht er auf.

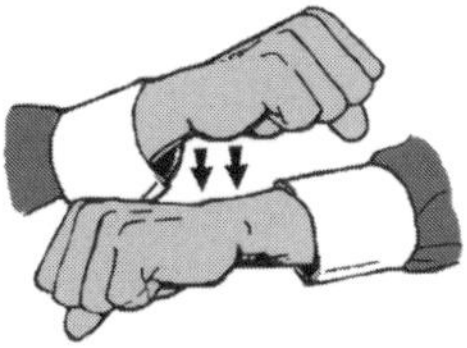

Vielleicht lande ich heute Nacht noch im Knast.
Wollen Sie mein Opfer oder meine Komplizin sein?

Ich steh vier Faden im Wind.
Und segle schnurstracks ins Nirwana.

Ich habe vor, vier Faden im Wind zu stehen.
Und brauche deine Hilfe.

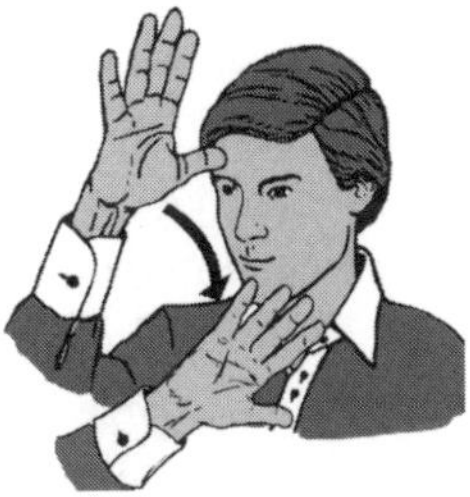

Die MS Schnapsdrossel hat Schlagseite und geht unter.
Bitte steigt über mich drüber.

Ich warte schon so lange auf mein Bier, dass mir ein Bart wächst. Ich werde damit den Barkeeper strangulieren.

Lass uns den Bugs Bunny machen.
Und von Bar zu Bar hopsen.

Die besten Trinkertricks

Coole Tipps für harte Trinker

Machen wir uns nichts vor, Trinken ist ein Sport, und die Bar ist das Spielfeld. Wenn Sie gewinnen wollen – und wer will das nicht? – studieren Sie diese Empfehlungen.

Dem Türsteher schmeicheln

Bars können gefährlich sein. Sie brauchen jemanden, der Ihnen den Rücken freihält, und wer eignete sich besser als der Schrank an der Tür? **Wie's funktioniert:** Lassen Sie von Anfang an keinen Zweifel aufkommen, dass Sie auf seiner Seite sind. Wenn er nach dem Ausweis fragt, geben Sie ihm zu verstehen, dass Sie das überhaupt nicht stört, obwohl jeder Trottel sehen kann, dass Sie volljährig sind. Geben Sie ihm das Gefühl, Sie seien geradezu geehrt, einem Fremden den Ausweis zeigen zu dürfen. Und sagen Sie ruhig: »Der ein oder andere Depp fühlt sich bestimmt auf den Schlips getreten, wenn er sich ausweisen muss. Aber Sie machen doch nur Ihren Job, diese Idioten kapieren's einfach nicht.«

Danken Sie ihm, dass er Ihre Volljährigkeit überprüft hat, holen Sie sich ein Bier und schlendern Sie ein Weilchen durch die Bar. Dann pirschen Sie zurück zur Tür. Während Sie sich einen Barhocker heranziehen, sollten Sie ihn höflich fragen, ob Sie sich zu ihm setzen dürfen. Wahrscheinlich wird er lediglich mit den Schultern zucken. Denn eines werden Sie bald begriffen haben: Türsteher reden nicht viel. Aber versuchen Sie trotzdem, mit ein paar Fragen nach seinem Job das Eis zu brechen. »Gibt's 'ne Menge Schlägereien hier?« Schulterzucken. »Heute schon jemanden rausgeschmissen?« Schulterzucken. »Wird das nicht langweilig, ständig die Ausweise zu kontrollieren?« Schulterzucken. Zeigen Sie, dass Sie mehr als bereit sind, ihm zur Seite zu stehen. »Der Typ im Eishockey-Shirt am Billardtisch sieht nach Ärger aus. Aber keine Sorge, ich werde ihn im Auge behalten. Und wenn er

Ärger macht, halt ich dir den Rücken frei.« Wenn Ihr neuer Freund tatsächlich jemanden rauswerfen muss, sollten Sie darauf achten, ihn vom anderen Ende der Bar aus zu unterstützen. Wenn er fertig ist, können Sie beruhigt zurückkommen und ganz beiläufig bemerken: »Ich wollte schon eingreifen, aber du hast ihn so was von im Griff gehabt. Dabei wirkte der Typ ziemlich sauer. Meinst du, er holt eine Knarre und kommt zurück?«

Die Aggro-Nummer abziehen

Soll bloß keiner versuchen Sie anzumachen, sonst wird der Idiot sein blaues Wunder erleben.

Wie's funktioniert: Die ganze Zeit böse gucken. An der Bar immer die Muskeln spielen lassen. Niemals hinsetzen. Nur Schwächlinge sitzen. Lassen Sie Ihre Augen zornig durch den Raum schweifen, kommt es zu einem zufälligen Blickkontakt – na, dann sucht der Wichser garantiert Zoff. Machen Sie alles mit einer gehörigen Portion Wut im Bauch. Wütend trinken, wütend eine Zigarette anzünden, wütend Billard spielen, wütend urinieren. Warum auch nicht? So wie die Dinge liegen, haben Sie allen Grund, wütend zu sein. Diese Typen haben's doch auf Sie abgesehen. Schon die Art, wie sie Ihnen im Weg stehen, wie sie die Acht versenken, noch bevor Sie überhaupt drankommen. Wie sie brüllen, nur weil Sie ihnen Bier über die Jacke schütten. Sprechen Sie mir nach: »Hast du ein Problem, Alter? Wenn ja, dann lös ich's für dich. Ich hab mein Werkzeug immer dabei.« Und jetzt nicht etwa einen Werkzeugkasten auf den Tresen stellen, sondern böse mit der Faust rumfuchteln. Das wird ihn total fertigmachen. Versprochen.

Der freudige Schrei des Wiedersehens

Sie sind freudig erregt, weil Sie hier sind? Sie sind freudig erregt, weil Sie gleich etwas zu trinken bekommen? Sie sind freudig erregt, weil Ihre Freunde da sind? Dann zeigen Sie es!

Wie's funktioniert: Warten Sie, bis der Laden voll ist. Betreten Sie die Bar, als hätten Sie sie eben gekauft. Schauen Sie strikt geradeaus und marschieren Sie direkt zum Tresen. Tun Sie so, als sähen Sie keinen Ihrer Freunde. Warten Sie ab, bis sie auf Sie zukommen. Dann tun Sie so, als wären Sie total überrascht, und lassen all Ihre freudige Erregung raus. Schreien Sie die Namen so laut, dass dem Typen, der vor dem Klo kniet, die Bröckchen im Hals stecken bleiben. Gehen Sie verschwenderisch mit Wörtern wie »Liebling«, »Altes Haus« oder »Wahnsinn« um. Auch wenn Sie den ganzen Tag mit ihnen im selben, öden Großraumbüro gesessen haben, tun Sie so, als schlenderten Sie nach jahrelanger Odyssee die Gangway der Queen Mary herunter und alle Gäste wären nur gekommen, um Sie, den verlorenen Sohn, das wiederentflammte Licht ihres Lebens, zu begrüßen.

Wenn Sie dann jeden, den Sie kennen, in der gebührenden Lautstärke begrüßt haben, wird es Zeit, den Martini hinunterzukippen und wieder an Bord zu gehen, um den nächsten Hafen anzulaufen.

Eingesunken am Tresen hängen

Dieser beliebte Trick kommt gewöhnlich in Bars und Kneipen zur Anwendung, die einen hohen Anteil von Stammgästen aufweisen.

Wie's funktioniert: Als Erstes benötigen Sie einen Barhocker. Um sicherzustellen, dass Sie auch einen bequemen erwischen, sollten Sie noch vor Beginn der Happy Hour aufkreuzen. Erfahrene Hänger werden versuchen, jedes Mal denselben Barhocker zu ergattern. Weshalb? Weil es den Status verbessert. Dann beginnen Sie, Ihr Revier abzustecken. Hängen Sie Ihr Jackett über den Hocker und verteilen Sie den

Inhalt Ihrer Taschen auf dem Tresen: Geldclip, Münzen, Zigaretten (Puristen vertreten die Ansicht, um ein wahrer Hänger zu sein, müsse man rauchen), Feuerzeug, Kugelschreiber, Visitenkarten, Papierservietten, Handy, was immer Sie dabeihaben. Machen Sie deutlich, dass Sie ein Weilchen bleiben werden. Damit haben Sie die Vorbereitungen abgeschlossen und können anfangen, gründlich abzuhängen. Ziehen Sie den Kopf zwischen die Schultern. Lehnen Sie sich mit beiden Armen weit vorgebeugt über den Tresen, bewegen Sie sich so wenig wie möglich. Wenn Sie einen abfälligen Kommentar über das Fernsehprogramm abgeben wollen, tun Sie es wortkarg und murmeln Sie so undeutlich, dass Sie es selbst nicht mehr verstehen. Wenn Sie einen neuen Drink wollen, starren Sie den Barkeeper an und gönnen Sie ihm allenfalls ein unmerkliches Nicken. Wenn er sofort abkassieren will, geben Sie ihm mit einem weiteren Nicken zu verstehen, dass Sie vollauf mit Rumhängen beschäftigt sind und er sich aus ihrem Clip bedienen soll.

Sobald es voller wird, werden die anderen Gäste wie landlose Flüchtlinge in Ihr sorgsam abgestecktes Königreich eindringen. Ignorieren Sie sie. Weigern Sie sich, Bestellungen für die hinter Ihnen Stehenden weiterzugeben. Erstarren Sie wie eine gereizte Klapperschlange, wenn jemand Sie streift. Grummeln Sie nur, wenn sich einer bei Ihnen entschuldigt, weil er über Sie hinweg nach einem Drink gegriffen hat. Setzen Sie eine Leidensmiene auf, als hätten Sie soeben Frau und Kinder bei einem Busunglück verloren.

Der Kann-mir-keine-Namen-merken-Typ

Sie sind eine überaus gefragte Person, die jede Menge Leute trifft, und wie zum Teufel sollen Sie sich nur all diese Namen merken? Natürlich haben sich die anderen Ihren Namen zu merken – während es die anderen zu Hunderten gibt, sind Sie einmalig.

Wie's funktioniert: Sie kommen in eine Bar geschlendert, und er kommt direkt auf Sie zu, schüttelt Ihnen die Hand und nennt Sie vertrauensvoll beim Namen. Na klar, das Gesicht kommt Ihnen bekannt vor, aber wie zum Teufel hieß er noch gleich? Sie könnten jetzt natürlich sagen: »Tut mir leid, ich habe Ihren Namen vergessen.« Doch dadurch würden Sie wie ein selbstgefälliges Aas wirken. Deshalb ist es sehr viel besser, wenn Sie einfach seinen Namen durch eine freundliche Bezeichnung ersetzen. Je nach Lokalität und Aussehen des bekannten Fremden bieten sich von »Lange nicht gesehen, Kumpel« bis »Welche Freude, Ihnen wieder zu begegnen, alter Freund« eine Reihe unterschiedlichster Begrüßungsformeln an.

Wenn Sie in Begleitung sind, müssen Sie versuchen, die gegenseitige Vorstellung zu umgehen, da Sie sonst in Ihrer ganzen jämmerlichen Ignoranz bloßgestellt wären. Wenn es sich jedoch gar nicht mehr umgehen lässt, stellen Sie Ihre Begleitung vor (deren Namen kennen Sie doch, oder?) und spekulieren Sie darauf, dass der andere aufgeschlossen genug ist, sich selbst vorzustellen. Sagen sie einfach: »Darf ich dir meine Freundin Christine vorstellen? Christine, das ist mein alter Freund/Kumpel ...« Wenn Ihre Freundin auf Draht ist und bereits die Hand ausstreckt, ist die Wahrscheinlichkeit hoch, dass er seinen Namen selbst sagt. Tut er es nicht, opfert er die Etikette, um moralisch über Sie zu triumphieren. Ihre letzte Chance ist es, in den sauren Apfel zu beißen, indem Sie sich blitzschnell abwenden und für alle Getränke ordern.

Doch auch wenn Sie damit durchkommen, ist der Krieg noch lange nicht gewonnen. Versuchen Sie, sich jetzt seinen Namen und möglichst viele zusätzliche persönliche Informationen zu merken. Wenn Sie genug Munition gesammelt haben, schlagen Sie zurück: »Es freut mich, Karl, dass dein Teleshop-Auftritt so gut gelaufen ist. Ich muss schnell für kleine Jungs, bestellst du uns nochmal dasselbe?«

Der Jukebox-Bediener

Niemand hat einen besseren Musikgeschmack als Sie. Warum sollten Sie Ihre viel zu wenig gewürdigte Gabe nicht mit Ihren Mitzechern teilen?
Wie's funktioniert: Die Jukebox ist das Medium, durch das Sie Ihrer Brillanz Ausdruck und Gehör verschaffen. Pumpen Sie das fette Ding mit Münzen voll. Sie sind der DJ, der Stimmungsmacher, Sie wissen am besten, was für die anderen gut ist. Geben Sie den Ton an. Wenn die Stimmung ein wenig melancholisch ist, werfen Sie was Kitschiges wie ABBAs *Dancing Queen* ein. Wenn es dann mal läuft, heizen Sie mit AC/DC an (so gut wie alles von *Back in Black* dürfte funktionieren). Und wenn die Stimmung überzuschäumen droht, holen Sie sie

mit *Waltzing Mathilda* von den Pogues wieder runter. Zur Not tut es auch irgendwas von Tracy Chapman. Und scheuen Sie sich nicht, einen guten Song mehrmals zu spielen. Es kommen ständig neue Leute, denen Sie die Perlen Ihrer brillanten Auswahl nicht vorenthalten sollten. Da capo!

Geben Sie dem Bedürfnis ruhig nach, bei Ihren Lieblingssongs mitzusingen und zu tanzen. Versäumen Sie nur nicht, sich beleidigt hinzusetzen, wenn der doofe Song eines Eindringlings kommt. Sie können ihn sogar quer durch die Bar mit irritiert-verständnislosen Blicken malträtieren. Immerhin haben Sie sich bemüht, elegant von einem dröhnenden Punk-Klassiker zu einem obskuren Funk-Sound überzuleiten, als dieser Idiot sich erdreistete, seinen Willie Nelson dazwischenzuschieben, und Ihren sorgfältig inszenierten Groove zerstörte. Wie kann selbst ein wahrer Connaisseur wie Sie die Menge bei Laune halten, wenn jeder dahergelaufene Dorftrottel sein geschmackloses Lieblingsstück laufen lassen darf?

Die Ein-Mann-Welle

Die spontane Inszenierung einer begeisterten La-Ola-Nummer wird Sie umgehend zum unverzichtbaren Herzstück eines jeden gelungenen Abends machen. Das andere Geschlecht wird Sie für einen Frohsinn versprühenden Optimisten halten und dennoch nicht die latente Bedrohlichkeit verkennen, die von Ihnen ausgeht. Allerdings sollten Sie auf Ihre Aktion verzichten, wenn im Fernseher über der Bar eine Sportveranstaltung läuft, weil man Sie sonst bloß für einen weiteren durchgeknallten Sportfreak halten wird.

Wie's funktioniert: Es ist ganz einfach. Springen Sie von Ihrem Hocker auf und fuchteln Sie wie wild mit den Armen (achten Sie darauf, dabei mindestens einen Drink in der Hand zu halten). Dazu schreien Sie nach Leibeskräften das bekannte »Olé,

olé, olé«, gefolgt von einem aus dem Herzen kommenden »Yeah, Baby«. Dann lassen Sie, mit noch immer erhobenen Händen, den Blick langsam durch die Bar schweifen, als wollten Sie alle wissen lassen: »Mann, Leute, mir geht's einfach blen-dend.« Wenn Sie mögen, können Sie auch noch die Hand zur Faust ballen, achten Sie nur darauf, Ihren Drink nicht zu verschütten. Dann setzen Sie sich wieder hin und tun so, als wäre nichts gewesen. Sie wissen ja, dass die anderen jetzt denken: »Mann, was für ein gut aufgelegter Typ.«

Die Rechnungsfrage

Unmöglich, dass Sie so viel getrunken haben. Was ziehen die Wichser hier eigentlich ab?

Wie's funktioniert: Trinken Sie sich in aller Ruhe das Gesicht füllig. Dann, nachdem der Barkeeper Ihnen eindringlich zu verstehen gegeben hat, dass es ihn nicht interessiert, ob Sie seine Letzte-Runde-Ansage mitbekommen haben oder nicht, verlangen Sie die Rechnung. Gönnen Sie dem Barkeeper ein freundliches Lächeln, während er sie Ihnen hinschiebt. So als würde ein guter Freund Ihnen, seinem millionenschweren, immer gutgelaunten Kumpel, einen Businessplan unterbreiten.

Augenblick mal! Das hier ist ja wohl keine Bitte um einen angemessenen Obolus für verzehrte Spirituosen, sondern eine infame Beleidigung! Verengen Sie Ihre Augen zu schmalen Schlitzen – sollten Sie eine Brille tragen, setzen Sie sie ab und putzen Sie gründlich die Gläser – und prüfen Sie die Rechnung erneut. Halten Sie den verlogenen Fetzen Papier mal näher, mal weiter entfernt vor das Gesicht. Vielleicht haben Sie sich ja nur verlesen. Murmeln Sie mehrfach gut hörbar das Wörtchen »Unmöglich«, ergänzen Sie es durch ein gelegentliches »Absolut« oder »Ganz und gar«. Acht Guinness? Nie im Leben würden Sie acht Guinness schaffen. Nicht einmal, wenn man Ihnen eine Pistole an den Kopf halten würde. Dazu noch einen Purple Hooter? Nie im Leben würden Sie diese Yuppie-Plörre anrühren.

OTARD DUPUY & Cº
COGNAC
OTARD DUPUY & Cº
COGNAC
COGNAC

Nun ist es an der Zeit, sich bemerkbar zu machen. Sagen Sie in ruhigem, aber bestimmtem Ton: »Hier scheint mir ein Irrtum vorzuliegen.« Lallen Sie ein wenig, es wird Ihnen nicht schwerfallen.

Der Barkeeper wird Ihnen mit unbewegter, stocknüchterner Miene erklären, dass es sich keinesfalls um einen Irrtum handle. Dass Sie der jungen Frau im roten Kleid einen Purple Hooter spendiert und Guinness geordert hätten, als gehöre Ihnen die Brauerei.

Während Sie versuchen, durch den dichter werdenden Nebel auf den Abend zurückzublicken, werden erste Zweifel in Ihnen aufsteigen. Aber lassen Sie sich von diesen unguten Gefühlen keinesfalls in Ihrer Würde beeinträchtigen. Unterschreiben Sie das Kreditkartenformular wie seinerzeit der japanische Außenminister Shigemitsu Mamoru die Kapitulationsurkunde nach der zweiten Atombombe. Geschlagen, aber ungebrochen. Murmeln Sie etwas in der Art: »Wenn ich schon die halbe Bar freigehalten habe, hätten Sie sich wenigstens bedanken können.« Schnipsen Sie ihm den unterschriebenen Zettel hin, als ginge Ihnen das alles am Arsch vorbei: »Da haben Sie Ihr dreckiges Geld, ich kann es mir leisten, über Ihren erbärmlichen Versuch kleinkrimineller Betrügereien hinwegzusehen.« Beim Rausgehen sollten Sie darauf achten, sich gerade zu halten. Und lassen Sie den Kuli mitgehen.

Die feige Anbetung aus der Ferne

Diese Haltung eignet sich perfekt für Liebeskranke. Sie würden gerne eine Frau anbaggern, entbehren aber jeglichen Mutes, dies in die Tat umzusetzen.

Wie's funktioniert: Oft in Gruppen praktiziert, besteht der erste Schritt der »feigen Anbetung« darin, eine absolut heiße Frau auszumachen. Eine, für die man, ohne zu zögern, den linken Arm gäbe, solange es nicht mit Blut, Schmerzen und dem tatsächlichen Verlust dieses Körperteils verbunden wäre. Sobald Sie eine entdeckt haben, müssen Sie unverzüglich Ihre Freunde davon in Kenntnis setzen, wie »heiß« sie ist. Vielleicht ist sie sogar in Begleitung einiger Freundinnen, die von Ihren Freunden ebenfalls als »heiß« empfunden werden, und Sie können als Gruppe vorgehen bzw. nicht vorgehen.

Einmal ausgemacht, müssen Sie unablässig zu ihr hinschauen. Vermeiden Sie dabei aber unbedingt Blickkontakt, da dies zu plötzlichem Herzstillstand Ihrerseits führen könnte. Malen Sie sich stattdessen die wildesten Dinge aus. Bestimmt ist sie das liebenswürdigste und intelligenteste Wesen, das auf dieser Erde wandelt, weshalb sie mit an Sicherheit grenzender Wahrscheinlichkeit genau wie Sie Panini-Bilder sammelt. Phantasieren Sie, wie Sie sie mit breitem, tumbem Grinsen Ihren Eltern präsentieren. Stellen Sie sich vor, wie Sie ganz cool auf sie zugehen und sie nach ihrem Namen fragen. Bilden Sie sich ein, wie ihre Augen aufleuchten, wenn sie Ihnen ihren Namen verrät. Bestimmt hat sie einen supercoolen Namen wie Naomi oder Paris.

Kippen Sie darauf mit Ihren Freunden einen schnellen, ermutigenden Tequila und lassen Sie sie wissen, dass Sie die Frau jederzeit klarmachen könnten. Lachen Sie zwischendurch auf wie eine brünftige Hyäne, damit sie auch ja merkt, dass man mit Ihnen jede Menge Spaß haben kann. Dann wiederum sollten Sie mit leicht melancholischem Blick ins Leere starren, damit sie auch merkt, dass sich hinter der fröhlichen Fassade eine ebenso mitfühlende wie verletzliche Seele verbirgt. Nur eins sollten Sie unbedingt vermeiden: tatsächlich in ihre Nähe zu kommen. Wenn Sie auf dem Weg zur Toilette an ihr vorbeimüssen, beschleunigen Sie Ihren Schritt und schauen Sie strikt in die andere Richtung.

Der gute Hirte

Irgendjemand muss diese verdammten Säufer ja am Händchen nehmen und in die richtige Richtung steuern. Und wenn es das Delirium ist.

Wie's funktioniert: Schon gut, Sie haben sich nicht darum gerissen, aber da alle anderen gekniffen haben, mussten Sie die Zügel in die Hand nehmen. Im Grunde habe die ja darum gebettelt, von Ihnen an die Leine genommen zu werden, also ist es nur natürlich, dass Sie ab jetzt die Drinks bestellen. Mindestens alle Viertelstunde müssen Sie verkünden, dass es Zeit für was Hartes ist. Dann ist es an Ihnen: 1. die Sorte zu bestimmen, 2. die verstreute Herde zusammenzutreiben, 3. einen würdevollen, aber lustigen Trinkspruch auszurufen und, ganz wichtig, 4. jemanden dazu zu bringen, die Runde zu bezahlen.

Der Schnorrer

Je weniger Runden Sie ausgeben müssen, desto billiger wird es für Sie. Trotzdem wollen Sie sich betrinken, nicht wahr?

Wie's funktioniert: Zunächst müssen Sie Ihren Zechkumpan dazu bringen, eine neue Runde zu bestellen. Dazu kann es nützlich sein, immer wieder irritiert in Ihr leeres Glas zu starren, vernehmlich mit dem Eis zu klirren und theatralisch den allerletzten Tropfen in die Kehle rinnen zu lassen. Wenn das alles nichts nützt, dann zerbeißen Sie knirschend die Eiswürfel.

Wenn er die magischen Worte ausgesprochen hat, heißt das noch lange nicht, dass Ihr Werk getan ist. Er könnte immer noch von Ihnen erwarten, diese Runde zu bezahlen, zumal schon die letzten vier auf seinen Deckel gingen. Deshalb sollten Sie ihn vorsorglich mit beiläufigen Bemerkungen über Ihre, aufgrund der Unterstützung Ihrer Not leidenden Mutter, angespannte finanzielle Lage weichkochen.

Wenn die Drinks dann im Anmarsch sind, sollten Sie Ihren Nebenmann in eine Konversation verwickeln, ein Gespräch, das urplötzlich eine so spannende Dynamik gewinnt, dass Sie sogar die Kellnerin übersehen, die Ihnen die Drinks bringt. Sollten die immer noch nicht bezahlt sein, wenn Sie sich schließlich zu Ihrem Kumpel umdrehen, schauen Sie ihn einfach an, als wären Sie schwer von Begriff. Sie haben gar nicht mitbekommen, was los ist. Wenn er dann immer noch nicht zahlt, müssen Sie schwere Geschütze auffahren.

Stecken Sie blitzschnell Ihre Hand in die Tasche, in der Hoffnung, dass er dasselbe tut. Lassen Sie sie eine Weile dort stecken, winden Sie sich ein wenig, irgendwie müssen Sie sie eingeklemmt haben. Wenn er ebenfalls Probleme hat, die Hand wieder aus der Tasche zu bekommen, fördern Sie schließlich eine Handvoll Münzen zutage. Murmeln Sie betroffen: »Scheiße, Mann, irgendwer hat mir meinen Zwanziger geklaut.« Wenn das immer noch nicht peinlich genug ist, Ihr Opfer zum Zahlen zu bewegen, bleibt Ihnen ein letzter verzweifelter Trumpf. Reißen Sie Ihre unschuldigen Augen weit auf und sagen Sie geknickt, aber bereit, sich tapfer dem Unvermeidlichen zu fügen: »Ich könnte vielleicht noch mit meiner Kreditkarte bezahlen. Ich glaube, mit der einen bin ich noch nicht über dem Limit.«

Funktioniert das auch nicht, müssen Sie sich einen dümmeren Zechkumpan suchen.

Der Tresenschlaf

Jeder braucht mal ’ne Pause, besonders nach dem zehnten Whisky. Gönnen Sie sich ruhig zwischendurch ein Nickerchen.

Wie's funktioniert: Stellen Sie sicher, dass Sie steif sind wie eine Natter. So hackedicht, dass Sie sich aller bürgerlichen Umgangsformen entledigt haben und nichts mehr auf die stichelnden Bemerkungen vollkommen Fremder geben. Mann, sind Sie müde, und der Tresen sieht so einladend aus. Lassen Sie ruhig den Kopf sinken – fühlt er sich nicht fast wie ein Daunenkissen an? Nur kurz die Augen zumachen, dann sind Sie gleich wieder voll da. Aber das weiße Rauschen der Bar klingt plötzlich wie ein wiegendes Schlaflied – nur zu, setzen Sie Ihr dümmliches Grinsen auf und gute Nacht, kleiner Prinz.

Ein Ratschlag noch: Suchen Sie sich ein Plätzchen außerhalb des Wahrnehmungsbereichs des Türstehers und möglichst auch des Barkeepers. Aus unerfindlichen Gründen werden beide nämlich gleich ganz nervös, wenn ein Gesicht den Kontakt zum kühlenden Holz sucht.

Die Zwangsumarmung

Warum können nicht alle Menschen in Frieden miteinander leben? Wenn wir nur die ganze Welt dazu brächten, sich in einem einzigen großen Kreis zu umarmen, bräuchten wir keine UNO.

Wie's funktioniert: Es ist ratsam, dabei sturzbetrunken zu sein. Wenn nicht, gelten Sie nämlich leicht als schmieriger Hippie. Aber einem Sturzbetrunkenen lässt man das ein oder andere durchgehen. Achten Sie darauf, immer ein dümmliches Grinsen aufzusetzen, je leerer, desto besser. Umarmen Sie Ihre Freunde. Umarmen Sie den Typen, der die

Billardkugel über die Vorbande versenkt hat. Umarmen Sie die Bedienung, die so lieb war, Ihnen den georderten Drink zu bringen. Erwecken Sie den Eindruck, Ihre Umarmungen seien wohlbedachte Gunstbeweise, Sie umarmten die Menschen, weil sie es verdient haben.

Zwei der beliebtesten ungefragten Umarmungen sind die säkularisierte Kardinalsumarmung und die Solange-ich-dich-umarme-kannst-du-mich-nicht-schlagen-Umarmung. Die erste wird zur Begrüßung beim anderen Geschlecht anstelle unpersönlicher Worte angewandt. Wer würde sich einer solchen von Herzen kommenden Umarmung widersetzen? Wenn Sie sie einmal in den Armen halten, lassen Sie sie nicht so schnell wieder los. Schauen Sie ihr tief in die Augen und geben Sie Ihrer Umarmung sukzessive eine innigere Bedeutung, die bis zur Verschmelzung Ihrer beider Körper führen kann. Sie ist etwas so Besonderes, sie hat sich diese Umarmung wirklich verdient. Die Solange-ich-dich-umarme-kannst-du-mich-nicht-schlagen-Umarmung hingegen dient zur Verhinderung von Gewalt mittels brüderlicher Liebe. Die meisten Leute scheuen davor zurück, jemandem die Nase zu brechen, der sie gerade noch umarmt hat. Das ließe sie dastehen wie ein Tierquäler. Allerdings sollten Sie unbedingt darauf achten, dass Sie diese Umarmung nur in Verbindung mit dem Handschlag anwenden. Wenn Sie so leichtfertig sind, ihn mit beiden Armen zu umarmen, ist es gut möglich, das er den Sympathiebeweis erwidert und Sie erdrückt wie ein Bär einen unvorsichtigen Jäger.

Teufel Alkohols Advokat

Die Bar ist Ihr Spielplatz, und weil es weder Schaukeln noch Rutschen gibt, müssen Sie mit der Toleranz der anderen Gäste spielen.

Wie's funktioniert: Setzen Sie sich einfach an die Bar und warten Sie darauf, dass jemand seine Meinung äußert. Ganz egal worüber – Sport,

Religion, Politik, das Wetter –, fangen Sie sofort Streit mit ihm an, selbst wenn er exakt Ihre Meinung vertritt. Ein äußerst unterhaltsames Vergnügen, vor allem wenn Ihr Gegenüber eine Position vertritt, die ihm sehr wichtig ist. Wenn diese auch noch von der Mehrheit geteilt und für überzeugend und wahr gehalten wird, wird es noch lustiger, weil Sie zwangsläufig als lächerlicher Provokateur dastehen. Wenn Ihr Opponent beispielsweise die Meinung vertritt, Hitler sei ein ekelerregender Psychopath gewesen, sollten Sie ihn unverzüglich darauf hinweisen, dass Sie nach wie vor höchsten Respekt vor den alten Braunhemden haben und es uns allen besser ginge, wenn sie noch an der Macht wären. Marschieren Sie vor der Bar auf und ab und rufen Sie: »Immerhin hat er die Autobahnen gebaut.« Beklagt Ihr Opfer die Zerstörung des Regenwaldes, erklären Sie, dass Sie im Urlaub jedes Jahr nach Brasilien fahren, um höchstpersönlich einige hundert Quadratkilometer Regenwald niederzubrennen. Sollte er Sie entgeistert nach dem Grund fragen, sagen Sie ihm: »Je eher die Menschheit das Leben auf diesem Planeten unmöglich macht, desto eher können wir ein Raumschiff bauen, den Weltraum kolonisieren und nach außerirdischen Bräuten Ausschau halten.« Was Sie auch sagen, Sie müssen es mit unverbrüchlichem, kompromisslosem Fanatismus vortragen und dürfen nie auch nur das geringste Zugeständnis machen. Und vergessen Sie nicht, sich mit der Bemerkung zu verabschieden, das sei nun wirklich eine billige Ausrede, um mal wieder jemanden in den Schwitzkasten zu nehmen, wenn der Rausschmeißer Sie vor die Tür setzt.

Trinken ist Krieg

Warum die Zeit mit Small Talk vergeuden, wenn man einen ausgewachsenen Krieg um die Trinkfestigkeit führen kann?

Wie's funktioniert:

Säufer 1: »Trinkst du 'nen Wodka mit?«
Säufer 2: »Nuckelt ein Baby an der Brust?«
(Sie kippen einen Wodka.)
Säufer 1: »Herrlich.«
Säufer 2: »Übler Stoff.«
Säufer 1: »Wie wär's dann mit 'nem Jägermeister?«

Säufer 2: »Jägermeister? Ich dachte eher an Tequila.«
Säufer 1: »Tequila? Ich muss morgen früh raus.«
Säufer 2: »Ah ja. Ich schätze, ich nehm dann einen Long Island Ice Tea.«
Säufer 1: »Okay, ich hol ihn dir.«
Säufer 2: »Das ist ja wohl das Mindeste.«

Was für den uneingeweihten Beobachter wie ein ganz normales Tresengespräch klingen mag, weiß der erfahrene Zecher sofort als subtiles, aber erbittertes Gefecht um die Trinkfestigkeit zu deuten. Säufer 1 eröffnete die Schlacht mit dem altbewährten Wodka-Gambit. Säufer 2 konterte sofort, täuschte dann aber eine kurze Schwäche vor, was Säufer 1 (der die Kosaken-Attacke hätte weiter durchziehen oder sogar mit der Bacardi-151-Bombe aufs Ganze gehen sollen) dazu verleitete, sich auf eine eher schwache Magenbitterverteidigung zurückzuziehen. Nachdem er so die Anfälligkeit seines Gegners bloßgelegt hatte, ging Säufer 2 sofort zur zähnefletschenden Mexikaner-Attacke über, ein riskantes, aber furchteinflößendes Manöver. Säufer 1 konnte diesem Druck nicht standhalten und versuchte noch, sich in einen Waffenstillstand zu retten. Doch Säufer 2 nutzte die Schwäche des Gegners erbarmungslos aus und zwang ihn mit einem Long Island Ice Tea, dem härtesten aller je gemixten Cocktails, zur bedingungslosen Kapitulation.

Sich beim Barkeeper einschleimen

Sie verkehren lange genug in Bars und Kneipen, um zu wissen, dass die Profession des Barkeepers unterschätzt wird. Sie respektieren und mögen den Mann hinter der Theke, und es ist Ihre Aufgabe, ihn zu unterhalten, auch wenn das bedeutet, ihm ein Ohr abzuquatschen.
Wie's funktioniert: Dieser Akt der Barmherzigkeit will lange und gründlich vorbereitet sein. Richtig durchgeführt dauert er von dem Augen-

blick, in dem der Barkeeper seine Schicht beginnt, bis zu dem Moment, wo er Sie unmittelbar nach Ankündigung der »letzten Runde« ebenso überraschend wie brüsk an die Luft setzt.

Zunächst müssen Sie sich an den Tresen setzen. Setzen Sie sich in die Nähe der Zapfhähne, so kann er Ihnen nicht entkommen. Solange es noch früh und die Bar wenig bevölkert ist, sollten Sie mit einer freundlichen Unterhaltung das Eis brechen. Sorgen Sie dafür, dass er Sie mag, lassen Sie ihn spüren, wie sehr Sie seinen edlen Beruf schätzen, dass der perfekte Service, den er Abend für Abend garantiert, ganz gewiss keine Selbstverständlichkeit ist. Knüpfen Sie ein emotionales Band, das Sie später in die Lage versetzt, seiner Aufmerksamkeit gewiss zu sein, auch wenn der Laden proppenvoll ist.

Lassen Sie Ihren Helden niemals und unter keinen Umständen aus den Augen. Keine Sekunde. Bekunden Sie Ihr aufrichtiges Interesse an seinen Verrichtungen. Lehnen Sie sich über den Tresen, um festzustellen, was er aus dem unteren Regal holt. Bewundern Sie seine Art, Bier zu zapfen, und lassen Sie es ihn wissen. »Wie Sie gerade das Pils gezogen haben. Unglaublich! Ganz alte Schule. Ganz große Klasse.« Weisen Sie die anderen Gäste auf seine Fähigkeiten hin: »Schaut euch an, wie er mit dem Shaker umgeht. Aus dem Handgelenk. Unnachahmlich!«

Erzählen Sie ihm eine Geschichte, wenn er in Ihre Nähe kommt. Ganz egal, wie beschäftigt er ist und wie viele Leute lautstark bestellen wollen, versuchen Sie ihn bei jeder Gelegenheit in eine kleine Unterhaltung zu verwickeln. Reden Sie schnell, damit er sich nicht mit dem Satz »Ich muss ein paar Cocktails mixen« davonstehlen kann. Gelingt es ihm dennoch, sollten Sie die Miene der zutiefst verletzten, aber großherzig vergebenden Geliebten aufsetzen. Sollte er Ihren Blicken ausweichen und Ihren Teil des Tresens zu meiden beginnen, müssen Sie unverzüglich Ihr Glas leeren und ihn lächelnd damit heranwinken. Immerhin sind Sie Gast hier, und es ist seine Pflicht, Sie zu bedienen. Wenn er sich Ihnen dann nähert, lassen Sie Ihre lange, wohlvorbereitete Rede über die tiefe Wertschätzung vom Stapel, die Sie für seinen Stand und ihn insbesondere empfinden. Denken Sie stets daran, Sie sind seine moralische Stütze. Enttäuschen Sie ihn nicht.

Ruhm und Ehre nach der Sperrstunde

Auszeichnungen für rückhaltloses Trinken

Die Bierbrille der Ritterlichkeit

Motto: »Unmöglich, das ist nicht dieselbe Braut!«
Im Angesicht von Oberlippenbärten, behaarten Leberflecken, extremer Fettsucht und allgemeiner Hässlichkeit ohne Rücksicht auf schwerwiegende Schäden ihrer Reputation sind die Empfänger dieses Ordens tapfer in fremde Unterwäsche und dunkle Schlafzimmer vorgedrungen, um dort Kreaturen zu betatschen, mit denen sie nüchtern nicht einmal einen Handschlag, geschweige denn Körperflüssigkeiten ausgetauscht hätten.

Die Letzte-Runde-Belobigung

Motto: »Einer noch, dann gehe ich.«
Ungerührt von den schrecklichsten Drohungen und finstersten Verwünschungen von Barkeepern und Türstehern, bestehen diese Elitezecher todesmutig auf einem letzten Drink. Mit dem Rücken zur kalten schwarzen Nacht und einer leeren Hausbar kämpfen sie wie die Löwen gegen das Verlöschen der Lichter und das Abschrauben der Zapfhähne an, bis sie schließlich hilflos im Schlund heraufdämmernder Nüchternheit versinken.

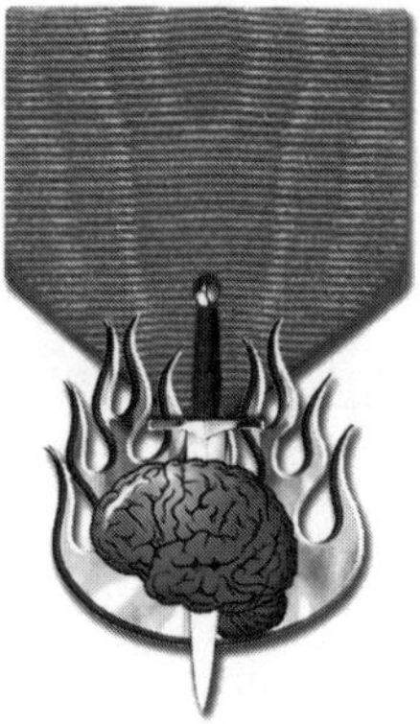

Die Ozzy-Osbourne-Hirnschaden-Medaille

Motto: »Ich trink nie wieder Alkohol.«
Von gezielten Wirkungstrinkern gepriesen, wird diese Auszeichnung jenen verliehen, die sich zu unchristlichen Zeiten mit entsetzlichen Hirnschäden erheben, um sich in treuer Pflichterfüllung an ihre verhassten Arbeitsplätze zu begeben, wo sie stoisch die Spitzen und Pfeile misstrauischer Vorgesetzter und klingelnder Telefone ertragen. Unerschütterlich zittern sie dem Feierabend entgegen, um sich auf schnellstem Weg in die nächste Bar zu begeben, wo sie sich an dem Affen rächen, der sie gebissen hat.

Die Verdienstmedaille der Filmrissbrigade

Motto: »Ich werde mich nicht an dich erinnern.«
Lange nachdem die weniger hartgesottenen Trinker in der Wärme ihrer Betten Zuflucht gesucht haben, verlangen diese tollkühnen Trinker mit fester Stimme noch einen doppelten Tequila, ehe sie ritterlich in die tintenschwarze Dunkelheit des Vergessens sinken. In vollem Bewusstsein, dass Erinnerung und öffentliches Ansehen nur Feiglinge interessieren, nehmen sie ohne Zucken die grausamen Peitschenschläge, die Enthüllungen ehemaliger Freunde, verlorene Kreditkarten und die hasserfüllten Blicke scheinbar wildfremder Personen hin.

Der Königliche Kneipenverteidigungsorden

Motto: »Das is' mein Barhocker.«
Als Repräsentanten der ersten Verteidigungslinie gegen Touristen, Wochenendschlucker und vergnügungssüchtige Yuppies bemannen die Empfänger dieser Medaille die Barhocker, die bekanntlich die Schützengräben einer jeden Bar darstellen. Mit höhnischen Sprüchen, Insider-Witzen und bohrenden Blicken verteidigen die Veteranen hartnäckig den Fernseher über der Bar vor subversiven Programmwünschen und halten durstige Eindringlinge von der Bar fern.

Die Nahkampfspange des Rausschmisses

Motto: »Ich verspreche, mich diesmal zu benehmen.«
Wird für aggressive Attacken auf die Geduld der tolerantesten Barkeeper verliehen. Ihr Träger ist niemals nüchtern genug, um von einer Prügelei mit einem blinden tibetischen Mönch Abstand zu nehmen. Unzählige Male hat er die Fähigkeiten des Türstehers getestet, einen schmerzhaften Würgegriff anzusetzen. Und obwohl er immer und überall rausfliegt, besitzt er die Unverfrorenheit, auch die Kneipen wieder zu betreten, in denen sein Name als Synonym für übelste Beschimpfungen gebraucht wird, und voller Todesverachtung zu verkünden: »Na komm schon, dieser Scheißmönch hat mich den ganzen Abend über dumm angeglotzt.«

Die Purpurne Leber

Motto: »Die Leber war böse und muss bestraft werden.«
Weder wilde Schmerzen noch sichtbare Schwellungen werden die Empfänger dieser Medaille davon abhalten, inbrünstig gegen das anmaßendste und hochmütigste aller inneren Organe anzukämpfen. »Nimm dies, du Hundesohn, und den auch noch!«, ruft der tapfere Kämpe seinem Erzfeind entgegen, während er dessen Verteidigung mit Magen verätzendem Fusel auf eine harte Probe stellt.

Die Stehengelassene-Drinks-Rettungsmedaille

Motto: »Gehört das Glas hier jemandem?«
Solange dieses unerschrockene Trinkerherz schlägt, müssen kein halbleerer Cocktail und kein abgestandenes Bier je fürchten, in den Schlund des Ausgusses gekippt zu werden. Mit gespitzten Ohren lauscht dieser stille Held beständig auf das Schmelzen des Eises in stehengelassenen Cocktailgläsern und das letzte, schwache Prickeln verendender Kohlensäurebläschen in einem vergessenen Bierglas. Sobald er das vertraute Geräusch geortet hat, stößt er entweder hernieder wie eine flügelhelmbewehrte Walküre oder aber er schleicht sich an wie ein Kommando Navy Seals in geheimer Mission, um das arme Waisenkind zu erretten und seiner wahren Bestimmung zuzuführen – dem Versinken in seiner Kehle.

Die Kriegsgefangenen-Auszeichnung

Motto: »Ich hab doch noch gar nichts gemacht.«
»Die verdammten Handschellen sind viel zu eng.« So lautet die Losung dieser zähen Spezies ausgekochter Zecher. Selbst die ausgebufftesten Trinker geraten gelegentlich in die Hand des Feindes und müssen die Pein vertrockneter Käsebrötchen, schlecht riechender Zellengenossen und hirnzersetzender Therapiestunden über sich ergehen lassen. Um der Hölle der Ausnüchterungszelle zu entkommen, bringt er sogar den Mut auf, auch seinen letzten Freund, dem sogar schon der Fernseher gepfändet wurde, anzurufen und ihn zu bitten, die Kaution zu stellen.

Die Ehrenlegion des Wurms

Motto: »Friss den Wurm, bevor er dich frisst.«
Kein noch so verrotteter Agaven-Wurm kann diese Mezcal-Krieger einschüchtern. Im Nahkampf mit dem tödlichsten Gebräu, das je eine Brennerei verlassen hat, kämpfen sich diese Legionäre, Blindheit und Taubheit trotzend, in die trübsten Tiefen der Flasche vor, wo sie schließlich ihre Zähne in das wabbelige Fleisch des elenden Widersachers graben und triumphierend aufheulen: »Schmeckt wie Hühnerbrust!«

Der Bier-statt-Brot-Orden

Motto: »Ich bin so hungrig, ich könnte ein Fass Whisky vertilgen.«

Wenn prekäre Finanzen die Wahl zwischen einem vollen Bauch und einem ausschweifenden Saufgelage notwendig machen, weiß dieser arme, aber tapfere Junker sich wohl zwischen Pizza Hawaii und einer Palette Billigbier zu entscheiden. Im klaren Bewusstsein, dass die leibliche Sättigung ein vergängliches Vergnügen, die Wonnen einer durchsumpften Nacht jedoch eine ewige Erinnerung sind, ignoriert er seinen knurrenden Magen und steuert im Supermarkt zielstrebig auf das Bierregal zu.

Der Bukowski-Stern

Motto: »Alkohol über alles.«

Die höchste Auszeichnung, die einem Säufer verliehen werden kann. Dieses Ehrenabzeichen wird nur jenen wahren Meistern tagelanger Saufgelage und grundloser Kneipenschlägereien angeheftet, die einen lebenslangen Vernichtungsfeldzug gegen jedwede Form von Alkohol geführt haben und dabei weder vor dem abgestandensten Bier, dem sauersten Wein noch dem magenverätzendsten Fusel kapituliert haben. Sie sind die lodernde Flamme alkoholisierter Erleuchtung, die Inspiration für den gemeinen Trinker auf der ganzen Welt.

Fähigkeitsabzeichen

Wermut-Flügel

Wenn das Bierfass leer und der Wodka ausgetrunken ist, blickt dieser unerschütterliche Recke dem aufgedonnerten Label einer Wermutflasche ins Auge und sagt sich: »Scheiß drauf, es ist Alkohol, oder?« Er trinkt das versnobte, erbärmlich säuerliche Getränk Zug um Zug.

Die Beste-Kumpel-Medaille

Der wertvollste Freund, den ein Säufer haben kann, ist der heroische Saufkumpan, der das hässliche Entlein ablenkt, in eine Konversation verwickelt und sogar romantisch umgarnt, damit sein Kumpel deren heiße Freundin klarmachen kann.

Das Ehrenlaub mit Bierfass

Wenn die Leichtgewichte längst schlappgemacht haben, hebt dieser unverwüstliche Schluckspecht das Fass hoch und stellt lallend fest, dass es »ers' halbleer is'«, worauf er kurz über die linke Schulter kotzt und so lange den Gegner attackiert, bis das runde Aluminium leer und nutzlos in sein eisiges Grab kullert.

Das Eiserne Sauftour-Kreuz

Ein sicherer Arbeitsplatz, familiäre Verpflichtungen oder der Zorn vernachlässigter Freundinnen und Ehefrauen bedeuten diesem furchtlosen Landsknecht nicht das Geringste, wenn er sich auf einen wochenlangen Feldzug gegen den Alkohol begibt.

3
Partystrategien

- Die Mutter aller Partys
- Entzauberte Partymythen
- Strategien für ungebetene Gäste

Die Mutter aller Partys

Wie man die beste Party schmeißt, an die sich hinterher keiner mehr erinnert

Es gab einmal eine Zeit, da konnte man nicht auf die Straße gehen, ohne dass einem aus mindestens einem Fenster die vertrauten Geräusche einer wilden Party entgegenschallten. Leider gehört dieser schöne Brauch der Vergangenheit an, unsere erwachsene Gesellschaft entsagt längst den kleinen privaten Revolten und zieht es vor, an die profanen, dem Profit huldigenden Stätten zu ziehen, als da sind Kneipen, Bars und Nachtclubs. Was ein Jammer ist. Auch wenn Kneipen und Bars durchaus ihren Platz in der Gesellschaft haben, bringt doch nichts das wahre Trinkerherz so in Wallung wie das halbexklusive, von keiner Sperrstunde begrenzte Privatbesäufnis.

Im Gegensatz zur weit verbreiteten Ansicht gehört zu einer gelungenen Party mehr als eine Gruppe Leute, die sich zur selben Zeit am selben Ort die Kante geben. Stilvoll inszeniert, bietet eine Party eine herrliche Unterbrechung des trostlosen Alltags, eine ungestüme Lobpreisung des Lebens mit all seinen Höhen und Tiefen, einen kollektiven Aufstand gegen Anpassungsdruck und puritanische Moraldiktate.

Weshalb also hat die gute alte Party das gleiche Schicksal ereilt wie die Sektschale oder den Toast Hawaii? Offen gestanden: weil wir eine Nation von Faulenzern geworden sind. Partys erfordern nun mal einen gewissen Aufwand, und wer möchte den schon im Zeitalter allumfassender Bequemlichkeit betreiben?

Sie wollen es. Deshalb sollten Sie sich fragen: »Warum schmeiß ich nicht einfach eine Party? Bin ich im Knast? Lebe ich in der Gosse? Bin ich eine Spaßbremse? Verabscheue ich es, mich in Gesellschaft meiner engsten Freunde volllaufen zu lassen?«

Offen gestanden: Sie haben nicht die geringste Ausrede. Deshalb sollten Sie sich einzig und allein die Frage stellen, welche Art Party Sie schmeißen wollen.

Eine Ansammlung von Abenteuern

Die spontane Sperrstundenumgehung (Die Spontane)
Das ist die leichteste Art, eine Party zu veranstalten, ganz einfach, weil es nicht mehr braucht, als genügend Alkoholvorräte im Haus zu haben. Üblicherweise findet sie nach dem mehr oder weniger freundlichen Rauswurf aus der letzten Bar statt und wird mit folgenden (durchaus schon gelallten) Worten angekündigt: »Ich hab noch Alkohol zu Hause.« Rechnen Sie mit Übernachtungsgästen.

Das gemütliche Beisammensein (Die Viktorianische)
Diese Party in der kleinen geselligen Runde enger Freunde erfreute sich in den Fünfzigern höchster Beliebtheit. Sie eignet sich hervorragend, um das Band der Freundschaft mit den liebsten Zeitgenossen noch enger zu knüpfen, und mündet nur in den seltensten Fällen in der Beschädigung von Möbelstücken. Dafür geht ihr das gewisse Etwas ab, das Mitbringen wildfremder Besucher. Partys dieser Art beginnen oft früh und enden am späten Abend in einer vertrauten Bar.

Die klassische Fete (Die Griechische)
Dies ist von allen Partys die stereotypischste. Die Einladung richtet sich an Freunde, die wiederum ihre Freunde mitbringen können. Der Gastgeber wird etwa die Hälfte der Anwesenden kennen, was einen nahezu perfekten Prozentsatz darstellt. Ausreichend Unbekannte, um die Stimmung anzuheizen, ausreichend Verbündete, um eine Rebellion niederzuwerfen.

Das volle Programm (Der Wikinger)
Dies ist die ultimative Soll-doch-kommen-wer-will-Veranstaltung. Der Gastgeber kann sich glücklich schätzen, wenn er ein Viertel seiner Gäste kennt. Es ist, als öffne man zur Futterzeit alle Käfige im Zoo gleichzeitig und ließe die enthemmten Kreaturen um ihr Futter kämpfen. Nicht umsonst ist dies das schillerndste Juwel in der Krone eines jeden Partyveranstalters, doch sind Prügeleien, Kollateralschäden und das plötzliche Auftauchen der Gesetzeshüter nicht auszuschließen.

Kühl kalkulierende Gastgeber verlangen oft einen Obolus, mutlose führen sie sogar in angemieteten Räumen oder im Freien durch.

Welche Art Party wollen Sie nun veranstalten? Die Entscheidung hängt davon ab, welches Risiko Sie eingehen möchten. Generell lässt sich sagen, je größer die Veranstaltung, desto größer der Spaß. Doch sollten Sie immer im Hinterkopf haben, dass Spaß ein enger Verwandter der Zerstörung ist und die beiden auch auf Ihrer Party Arm in Arm aufkreuzen können.

Tun Sie Ihre Absichten kund

So abwegig es klingen mag, aber es kann sich extrem schwierig gestalten, abgebrühte Zecher dazu zu bringen, bei Ihnen zu Hause dem kostenfrei ausgeschenkten Schnaps zuzusprechen. Sicher, Ihre engsten Freunde werden auftauchen, aber wenn Sie mit den alten Schnarchnasen feiern wollten, könnten Sie ein frisches T-Shirt anziehen und sich auf den Weg in Ihre Stammkneipe machen, wo Sie die Horde garantiert über ihren Biergläsern mümmelnd antreffen werden. Nein, zu diesem Anlass wollen Sie den inneren Zirkel beträchtlich erweitern, und um das zu gewährleisten, sollten Sie folgende Tipps beachten:

»Hallo, Betty! Ich wollte nur mal horchen, ob du schon unterwegs bist. Wer alles da ist? Na ja, ich, Sascha, Pfote und Mr. Whiskers – was? Ja, ich weiß, dass das die Namen meiner Katzen sind, aber – hallo – hallo?«

Starten Sie frühzeitig die Mundpropaganda

Mindestens zwei Wochen vorher. Versäumen Sie nicht, alle Eingeladenen regelmäßig an Ort und Zeit der Veranstaltung zu erinnern. Hat die Party einmal begonnen, sollten Sie bei allen, die noch nicht erschienen sind, halbstündliche und zunehmend verbitterte Nachrichten auf der Mailbox hinterlassen.

Verteilen Sie Flyer

Flyer sind effektiv, da sie eine haptische Erinnerung an Ihre Veranstaltung darstellen und Ihren potentiellen Gästen die Möglichkeit geben, ein gewisses Überlegenheitsgefühl zu entwickeln, indem sie sie achtlos wegwerfen. Sollten Sie darauf bestehen, dass Ihre Gäste Getränke mitbringen, sollten Sie dies auf der Einladung nicht unbedingt in Großbuchstaben ankündigen. Ihre Gäste sollen es mitkriegen, aber nicht darüber ins Grübeln kommen. Das wäre, als würden Sie Ihr altes Auto unter der Überschrift »Rostlaube« annoncieren. Stattdessen sollten Sie das Bild einer üppigen Blondine in den Vordergrund stellen und damit Ihre potentiellen Gäste glauben machen, wenigstens eine Granate anzutreffen. Auch eine Wegbeschreibung bietet sich an, sofern Ihre Skizze nicht an die Malversuche eines Schimpansen erinnert. Ebenso der Zusatz, die Gäste erwarte trotz der Beengtheit Ihrer Einzimmerwohnung und der Tatsache, dass Sie nur ein Fünf-Liter-Fass Bier, drei Tüten Chips und eineinhalb Flaschen Jim Beam anbieten können, nichts weniger als DIE MUTTER ALLER PARTYS.

Überbuchen Sie großzügig

Haben Sie keine Bedenken, zu viele Leute einzuladen. Das ist, als machte sich eine Schulmannschaft Gedanken, Real Madrid zu schlagen.

Lassen Sie durchblicken, dass diverse Promis da sein werden
Machen Sie sich nur keine unnötige Mühe, sie tatsächlich einzuladen. Offen gestanden: Die haben bessere Partys, auf die sie gehen können. Allerdings wissen Ihre Gäste das vielleicht nicht. Deshalb sollten Sie in regelmäßigen Abständen darauf hinweisen, dass Soundso noch auf dem Weg ist oder gerade leider gehen musste.

Erzählen Sie allen, dass alle kommen
Das muss nicht stimmen. Aber sollte es stimmen, haben Sie nicht einmal gelogen.

Laden Sie die Nachbarn ein

Auch wenn Sie sie hassen wie die Pest, laden Sie stets Ihre Nachbarn ein. Besonders die, die Sie hassen wie die Pest. Und nicht nur, indem Sie einen Flyer unter der Tür durchschieben oder einen Zettel ins Treppenhaus hängen, sondern höchstpersönlich. Betteln Sie regelrecht um ihr Erscheinen. Tun Sie so, als gäbe es ohne sie ein völliges Desaster. Wahrscheinlich werden sie trotzdem nicht kommen, es sich aber auch zweimal überlegen, ob sie die Polizei rufen sollen.

Denken Sie sich einen Anlass aus

Wie schon erwähnt, braucht natürlich niemand einen Grund oder Anlass, um eine Party zu schmeißen. Doch – so befremdlich es auch klingen mag – manche Leute benötigen einen Grund, um sich volllaufen zu lassen. Vermeiden Sie aber die gesetzlichen Feiertage, da werden Sie sich in Konkurrenz zu anderen begeben. Das heißt, Sie können wahrscheinlich selbst auf einer fremden Party umsonst saufen, was in jedem Fall besser ist, als sich mit den einzigen beiden Kumpels zu langweilen, deren Schuldgefühl Sie so anstacheln konnten, dass sie auf Ihrer schnell sinkenden Titanic-Party aufkreuzten. Zum Glück ist aber auch an allen anderen Tagen des Jahres etwas Historisches oder zumindest Bemerkenswertes passiert, so dass an originellen Anlässen kein Mangel herrscht. Abgesehen von privaten Gründen können Sie auch den Liechtensteiner Nationalfeiertag (15. August) oder den Jahrestag von Jimmy Carters Begegnung mit einem UFO (10. Juni) feiern.

Widerstehen Sie dem Drang, ein Motto vorzugeben

Ein historischer Grund für ein Besäufnis kann die Motivation unentschlossener Gäste, tatsächlich vorbeizuschauen, durchaus erhöhen. Die Vorgabe eines Mottos dagegen hat oftmals den gegenteiligen Effekt. Es ist, als ob Sie plötzlich anfangen eine lindgrüne Schirmmütze zu tragen. Ja, es steigert Ihren Wiedererkennungswert, aber Sie sehen damit auch aus wie ein Idiot. Es ist nun mal so, dass die meisten Erwachsenen nicht das Gefühl haben, sie müssten sich kostümieren, um sich ordentlich einen hinter die Binde zu gießen. Aber wenn Sie auf Teufel komm raus nicht auf die lindgrüne Schirmmütze verzichten wollen, verzichten Sie wenigstens auf die abgestandensten Themen wie »Römischer Senatorenball«, »Nutten-und-Zuhälter-Party« oder »White-Trash-Fete«. Versuchen Sie stattdessen mit einem dieser Mottos Eindruck zu schinden:

- Mein liebster Serienkiller
- Der Mensch, den ich am meisten hasse
- Untergang der Sowjetunion
- Das Nein-DU-bist-das-Würstchen-Joey-Bishop-und-ICH-bin-Frank-Sinatra-Rat-Pack-Gipfeltreffen
- Die Alufolie auf meinem Kopf verhindert, dass die Aliens die Stimmen in meinem Kopf hören können

Ein Wort zur Deko

Luftballons, Krepppapier, Girlanden und Konfetti wurden erfunden, um kleine Kinder zu unterhalten. Wir sind erwachsene Menschen. Wir haben Alkohol.

Eine Party ist kein Gulag

Zusammen mit dem Vorhaben, eine beträchtliche Anzahl von Leuten in die Wohnung zu lassen, entsteht nicht selten das Bedürfnis, einige Regeln festzulegen. Widerstehen Sie diesem Drang mit aller Macht. Ihre Gäste dazu zu nötigen, Untersetzer zu benutzen, mag am nächsten Morgen die Reinigungsarbeiten erleichtern, schafft aber auch die Atmosphäre eines Internats für schwererziehbare Mädchen. Bei einer

Party geht es darum, Freiheiten zu gewähren, nicht sie zu beschneiden. Setzen Sie nichts durch, was nicht den Gepflogenheiten einer regulären Bar entspricht. Und locken Sie Ihre Freunde nicht von einem bequemen und perfekten Barhocker, nur um sie zu unterwerfen.

Eine wahre Geschichte

Eine Party, auf der ich neulich zu Gast war, illustriert dies vorzüglich. Keine Minute nach meinem Eintreffen wurde ich genötigt, meine Schuhe auszuziehen, bekam einen Untersetzer überreicht und wurde darüber informiert, dass Rauchen nur außerhalb des Hauses gestattet sei. Es war eine Wahnsinnsparty. Sie hätten dabei sein sollen. Nach etwa 15 Minuten saß der Gastgeber allein da und hätte sich bestimmt über ein wenig Gesellschaft gefreut.

Verbieten Sie das Rauchen auf Ihrer Party, dann werden smarte Partylöwen wie unser Bill hier fernbleiben. Denken Sie darüber nach.

Ein Wort zum Rauchen und zu Rauchern

Ein guter Gastgeber muss nicht unbedingt selbst rauchen. Ihren Gästen allerdings sollten Sie dieses Privileg einräumen. Und wenn ich sage »einräumen«, meine ich nicht, dass sie sich für ein paar hastige Züge auf dem eiskalten Balkon drängen müssen. Sie wollen, dass Raucher Ihre Party beleben, und Sie wollen, dass sie sich wohl fühlen. Warum? Weil Raucher die unterhaltsameren Menschen sind.

Überlegen Sie mal – jeder, der im Zeitalter notorischen Gesundheitswahns noch raucht, liebt offensichtlich das Spiel mit dem Tod. Raucher sind risikobereite Menschen. Wie Stuntmen, Söldner, Geheimagenten und Testpiloten. Und sind das nicht exakt die Typen, die Sie auf Ihrer Party sehen wollen?

Also – jetzt haben Sie die Einladungen ausgesprochen und geschworen, Ihre Gäste nicht zu bevormunden. Alles, was Sie nun noch brauchen, sind genügend Vorräte, um die Belagerung durchzuhalten.

Ihr Alkoholarsenal

Und glauben Sie mir, es wird eine Belagerung. Ihre Party ist eine Festung, die genau auf dem Kriegspfad einer heranstürmenden Horde von Barbaren liegt. Um dem Angriff standzuhalten, müssen Sie so viele Vorräte anlegen wie nur irgend möglich. Und in Ihrem Fall sind das nicht Mehl und Kartoffeln, sondern Bier, Wein und eine Vielzahl unterschiedlichster Schnäpse.

Einige Partyführer bieten Formeln an, nach denen Sie den genauen Bedarf ermitteln können. In der Regel funktioniert das etwa so:

(Anzahl der erwarteten Gäste) x (geschätzte Trinkfähigkeit) – (mitgebrachte Getränke) + 20 % (eiserne Reserve) = (Bedarf an Alkohol)

Dann müssen Sie weitere Feinabstimmungen vornehmen: Wer gilt als Quartalssäufer, wer ist auf Diät, wer mag kein Bier, wer trinkt lieber Wein, wer trinkt nur Scotch? Und so weiter.

Wenn Sie einen Abschluss in Mathematik haben und über die telepathische Gabe verfügen, exakt vorherzusehen, wer alles aufkreuzen und was und wie viel trinken wird, ist so eine Berechnung eine feine Sache. Die Wirklichkeit dagegen wird so aussehen: Wenn Ihre Party ein Erfolg wird, wird Ihnen der Alkohol ausgehen, wenn sie floppt, werden Sie genug Schnaps haben, sich eine Woche lang zu betrinken, und Ihre so genannten Freunde zu verfluchen.

Obwohl ich sicher bin, dass Sie Ihre Kohorten besser einschätzen können als ich, empfehle ich Ihnen folgende Faustregel: Sie kaufen so viel Stoff, wie Sie sich leisten können, und zwar entsprechend dem folgenden Dreistufenplan:

Standard
(Alle Flaschen 0,7 l)
6 Flaschen Wodka
4 Flaschen Whisky (Bourbon)
2 Flaschen Gin
2 Flaschen weißer Rum
2 Kisten Bier
1 Kiste Rotwein

Diese Grundausstattung wird eine kleine Gästeschar mit nicht allzu ausgeprägten Geschmacksnerven ruhig stellen. Verzichten Sie auf teuren Wodka, die meisten können in einem Cocktail sowieso keinen Unterschied zwischen Gorbatschow und Vodka Diva herausschmecken, und die wenigsten trinken ihn pur. Das Gleiche gilt für Gin und Rum. Mit Whisky, der gerne pur oder auf Eis konsumiert wird, verhält es sich etwas anders.

Gehoben
Tequila
Scotch
Brauner Rum
1 Kiste Rotwein
Trockener Wermut
1 Kiste Mädchenbier
1 Kiste Prosecco

Dieser Bestand wird Ihre Variationsmöglichkeiten dramatisch erhöhen. Tequila wird normalerweise pur getrunken, also kaufen sie mindestens José Cuervo. Billiger Scotch wird Sie wahrscheinlich noch über Wochen begleiten, teurer dagegen ganz schnell zur Neige gehen. Beim braunen Rum dagegen können Sie sparen, die meisten Leute haben keine Ahnung. Bauen Sie den Prosecco gut sichtbar auf und halten Sie auch das Mädchenbier bereit, nicht wenige Männer greifen statt zum Prosecco anfangs lieber zu einem leichten Bier.

De luxe
Ausgewählte Weine
Absinth
Brandy
Grappa
Champagner
Kahlúa
Baileys
Grand Marnier

Absinth und Champagner werden Ihrer Party den Stempel aufdrücken. Absinth ist übrigens günstig über das Internet zu beziehen. Kahlúa und Baileys können unbesorgt durch billigere Äquivalente ersetzt werden, da sie fast ausschließlich zum Mixen benutzt werden. Bei Grappa dagegen gibt es zahllose selbsternannte Experten, wenn Sie also eine Menge Mitglieder der Toskanafraktion erwarten, sollten Sie hier nicht zu tief stapeln und eventuell auf Kosten des Grand Marnier eine Extraflasche bereithalten. Da dieselben Gäste eher Wein trinken, sollten Sie eine anständige, aber begrenzte Auswahl an Weinen anbieten, da Sie davon ausgehen können, dass diese Experten ihre eigenen Tropfen mitbringen, um damit anzugeben.

Wenn Sie schon Schnaps umfüllen, seien Sie wenigstens ein bisschen feinfühlig. Dies zum Beispiel ist kein adäquater Ersatz für Ihren Obstler.

Ein Wort zum Umfüllen von Schnäpsen

»Gutes Essen und guter Wein sind keine Frage des Geldes, sondern der Manieren.« Sagte einst der weise Mr. Brillat-Savarin, und der hat verdammt recht, wenn auch heutzutage aus Gründen, bei denen er sich im Grabe umdrehen würde. Nur weil Ihr Bankkonto keine teuren Alkoholika gestattet, heißt dies noch lange nicht, dass Sie auf die Präsentation exquisiter Tropfen verzichten müssen. Billigen Schnaps in teure Flaschen umzufüllen, ist in regulären Bars zwar strengstens verboten, doch zu Hause durchaus akzeptabel. Zudem ist es überaus lehrreich. Die meisten Menschen achten viel mehr auf das, was sie sehen, als auf das, was sie schmecken. Eine 1970 durchgeführte Studie belegt, dass die Mehrheit der Trinker nicht zwischen gutem und schlechtem Schnaps zu unterscheiden vermochte, insbesondere wenn sie vom Etikett auf die falsche Fährte gelockt wurde. Und wenn ein Getränk umsonst ist, schmeckt es sowieso gleich viel besser.

Dieser Schachzug wird Ihnen nicht nur eine Stange Geld sparen, er verhindert auch, dass Sie einen Herzinfarkt erleiden, wenn ein verhasster Bekannter vor Ihren Augen sechs doppelte Single Malts kippt.

Natürlich sind Ihrem Täuschungsmanöver Grenzen gesetzt. Jack Daniel's durch Jim Beam zu ersetzen ist ungefährlich, ihn als Johnny Walker auszugeben schon riskanter, den alten Jimmy in eine Lagavulin-Flasche zu füllen selbstmörderisch. Sollte jemand kritisieren, dass der Stoff merkwürdig schmeckt, streiten Sie alles ab. Räumen Sie allenfalls ein, dass Sie den edlen Stoff vielleicht über die Maßen lange in Ihrer Bar aufbewahrt haben. Oder behaupten Sie, Ihr Cousin Peter schicke Ihnen den Stoff direkt aus den Laborbeständen der Destillerie, da könne es gelegentlich zu Geschmacksschwankungen kommen. Im Prinzip können Sie alles erzählen, außer der Wahrheit.

Eine andere gute Strategie ist das Umfüllen in gläserne Dekantierer (werden einem mittlerweile auf dem Flohmarkt nachgeschmissen). Sie glauben nicht, wie viel ein wenig falsches Kristall zur Geschmacksverbesserung beiträgt.

Wenn Sie aber ein solch großes Herz haben, dass Sie Ihren Gästen tatsächlich teure Spirituosen kredenzen wollen, sollten Sie die edleren Brände getrennt von Ihren plebejischen Geschwistern aufbewahren. Bauen Sie sie ruhig diskret auf einem silbernen Tablett in einem schummerigen Winkel der Küche auf. Dieser Boudoir-Effekt verleiht Ihrem Stoff eine Aura der Exklusivität, die zaghaftere Charaktere – oft Fremde – davon abhalten, sich ohne weiteres zu bedienen. Umso mehr bleibt für Sie.

Mein Freund, das Fass

Die billigste Art und Weise, das Bier in die Bäuche Ihrer Gäste zu befördern, ist mittels des guten alten Fässchens. Da Bierfässer die traditionell-proletarische Art der Alkoholvernichtung symbolisieren, wird niemand von Ihnen erwarten, dass Sie Heineken oder Corona ausschenken, was nicht verkehrt ist, denn das könnte Sie leicht über hundert Mücken kosten. Nehmen Sie auch keine Miniaturfässer aus dem Supermarkt, sondern ordern Sie ein ordentliches Fass (ab 30 Liter) beim Getränkehändler. Da sie kein Etikett haben können Sie also ruhig ein No-Name-Produkt anbieten oder sogar einen abgelaufenen Import aus Polen ausschenken.

Die Superbowle

Auch wenn es altmodisch klingt, jede Party braucht eine anständige Bowle. Bowlen sind billig herzustellen, und sie werden Ihre Spirituosenvorräte gehörig entlasten. Insbesondere Frauen lieben Bowle, und da man sie vorab zusammenpanschen kann, müssen Sie nicht so viele Cocktails mixen und können mehr Zeit mit Trinken verbringen. Betrachten Sie die Bowle als Schwester des Fasses. Und machen Sie sich keine Sorgen, wenn Sie nicht über das geeignete Kristallgefäß verfügen. Zwei extrastarke Müllsäcke in einem Karton reichen völlig aus. Für die De-luxe-Variante verwenden Sie weiße Müllsäcke.

Zu viel ist nie genug

Haben Sie keine Angst davor, zu viel einzukaufen. Das Gute an Schnaps ist, dass er nicht schlecht wird. Und machen Sie sich auch keine Gedanken um ein halbleeres Fass. Es zieht die Geier an wie eine waidwunde Gazelle, insbesondere wenn man am nächsten Nachmittag ein bisschen herumtelefoniert.

Longdrink-Additive und Garnituren

Die Standard-Additive sind: Cola, Bitter Lemon, Tonic, Soda, Orangensaft, Cranberrysaft, Tomatensaft, Ginger Ale und Grapefruitsaft. Wenn Sie komplizierte Cocktails mixen wollen, sollten Sie Triple Sec, Grenadine und Blue Curaçao vorrätig haben. Limetten, Zitronen und grüne Oliven sind unentbehrlich, Maraschino-Kirschen könnten den Verdacht erwecken, Sie seien ein in die Jahre gekommener Snob. Sollten Sie Absinth servieren, dürfen Sie auf keinen Fall den Würfelzucker vergessen.

Hilfreiche Hinweise

Man kann nie zu viel Eis haben. Plastikbecher ersparen Ihnen Kopfschmerzen beim morgendlichen Aufräumen, aber Ihre engeren Freunde verdienen richtige Gläser. Kühltaschen eignen sich hervorragend zum Kühlen von Büchsen und Flaschenbieren und generieren wertvollen Platz im Kühlschrank für die Longdrink-Additive. Und schließlich sollten Sie unbedingt darauf achten, mindestens drei Stunden vor Partybeginn das Bierfass auf Eis zu legen.

Die Sicherung der Burg

Wenn Wetter und Umstände es erlauben, ist es nicht verkehrt, die Party im Garten zu beginnen. Pflanzen haben im Unterschied zu Thonet-Stühlen und Minotti-Sofas hohe Selbstheilungskräfte. Wenn Sie aber darauf angewiesen sind, in Ihrer Wohnung zu feiern, und nicht nur Ihre engsten Freunde erwarten, sollten Sie in aller Ruhe den Blick durchs Zimmer schweifen lassen und sich aufrichtig fragen: »Wovon möchte ich mich auf gar keinen Fall trennen?« Bringen Sie diese Stücke an einen sicheren Ort, eventuell ein abschließbares Schlafzimmer. Denken Sie auch daran, Ihren Arzneischrank abzuschließen und alle teuren Wässerchen und Lotionen aus dem Badezimmer zu entfernen. Ein großer Mülleimer wird Ihnen wiederholte Ausflüge zum Container ersparen. Halten Sie einen Wischmopp bereit. Legen Sie die Ecke, in der Cocktails gemixt werden, mit alten Decken aus. Halten Sie ausreichend Handtücher bereit. Stellen Sie das Bierfass auf eine saugfähige Unterlage. Und bei allem, was heilig ist: Stöpseln Sie den Fernseher aus und verstecken Sie die Fernbedienung.

Gastgeberpflichten

Das Geheimnis guter Gastgeberschaft beruht auf der unbeschwerten Leichtigkeit, mit der Sie Ihren Pflichten nachkommen. Genau wie ein schlechter Barkeeper die beste Bar versaut, wird ein nervöser Gastgeber auch die lebhafteste Party ruinieren. Regel Nummer eins lautet deshalb, entspannt zu bleiben. Und die beste Art, entspannt zu bleiben, ist natürlich Trinken. Wie viel? Nun, Sie kennen das alte Sprichwort »Wer am meisten reinkriegt, gewinnt«. Und da Sie gewissermaßen Heimvorteil haben, sollten Sie sich als Favoriten betrachten.

Dieser Tipp ist natürlich ein Schlag ins Gesicht eines jeden klassischen Partyratgebers. Die werden Ihnen eindringlich nahelegen, unter keinen Umständen angeheitert oder beschwipst zu wirken, was wahrscheinlich der Grund ist, weshalb niemand mehr eine Party veranstalten will. Denn das wäre, als würden Sie Ihre Freunde nach Monte Carlo einladen und zusehen, wie die in ihrem selbstgetunten Rennwagen ihre Runden drehen, während Sie zähneknirschend auf der Tribüne versauern.

Die edelste Pflicht des Gastgebers ist es, seine Gäste zu unterhalten, und was gibt es Unterhaltsameres als einen Sturzbetrunkenen, der versucht den Gastgeber zu spielen? Ihr schwankender Zustand wird Ihre Gäste ermuntern, es Ihnen gleichzutun, was ja der Sinn des ganzen Spektakels ist. Sie sind der Käpt'n, jawohl, aber bemühen Sie sich, als beschwingter Seebär rüberzukommen und nicht wie ein Harpunen schwingender Ahab.

Solange Sie Ihre Hausaufgaben gemacht haben und davon Abstand nehmen, sich selbst zum Barkeeper zu ernennen (ein Posten, den Sie aufgeben sollten, sobald der vierte Gast durch die Tür tritt), müssen Sie wirklich nicht viel mehr tun, als sich unter die Leute zu mischen und stetig zu trinken. Stellen Sie sich Ihre Party als eine dieser alten, mit einem Schimpansen bemannten Raketen vor, die man früher ins All gejagt hat. Das waren gewaltige Brummer, die bedeutsame wissenschaftliche Missionen erfüllten, und störte es dabei, dass ein irrlichternd blickender Affe das Ding geflogen hat? Nicht im Geringsten. Im Gegenteil. Es verlieh diesen Missionen die Aura extremer Hipness. Und warum? Weil die meisten Leute Affen mehr mögen als Astronauten. Und glauben Sie mir – alle mögen Affen mehr als Gefängniswärter. Nur wenige Dinge wirken verstörender auf einen betrunkenen Gast, als wenn ihm ein nüchterner Gastgeber die Leviten liest. Damit bringen Sie den subtilen Groove Ihres Abends in Gefahr. Nein, Sie sollten sich mitten ins Getümmel stürzen, und zwar als tanzender Affe und nicht als kaltherziger Zuchtmeister. Flippen Sie aus, so gut Sie können, denn das Beste an der Rolle des Gastgebers ist, dass niemand Sie rausschmeißen kann. Meistens jedenfalls nicht.

(Anmerkung: Es trifft wohl zu, dass einige der Weltraumaffen nicht bei bester Gesundheit zur Erde zurückgekehrt sind. Manche sind sogar überhaupt nicht zurückgekehrt. Aber was soll's? Sie wussten, worauf Sie sich einließen, als Sie den Flyer mit dem Slogan DIE MUTTER ALLER PARTYS unter die Leute brachten.)

Die Kunst der Konversation

Sobald die Party ausreichend bevölkert ist, wollen Sie sicherstellen, dass es auch so bleibt. Um die Abwanderung in Grenzen zu halten,

sollten Sie das Gerücht verbreiten, dass die möglichen Konkurrenzpartys a) von der Polizei gestürmt wurden oder b) sich Ihrer Übermacht ergeben haben (und sich die Gastgeberin mit den restlichen Alkoholbeständen auf dem Weg zu Ihnen befindet) oder c) von einer Horde bewaffneter Teenager überrannt worden sind.

Weiter sollten Sie darauf achten, dass Wohnzimmer und Küche nicht zum Balkan selbstgenügsamer Partikularfraktionen werden. Aus diesem Grund reicht es nicht aus, die Neuankömmlinge einfach einander vorzustellen, Sie sollten durch geschickte Bemerkungen über Vorlieben und Abneigungen Ihrer Gäste sicherstellen, dass sich eine angeregte Unterhaltung entspinnt. Nichts von dem, was Sie unterstellen, muss wahr sein. Sie sollten nur zusehen, dass Sie das Weite suchen, ehe jemand Sie als Lügner bezeichnet. Viel unterhaltsamer ist es, wenn Ihre Gäste es selbst herausfinden können. Hier ein Beispiel:

Gastgeber: »Mike, das ist Vera, ja genau, die Vera mit den vielen süßen Kätzchen, ich weiß gar nicht, wie viele es inzwischen sind, geschweige denn, wie sie es bloß schafft, alle ihre Namen zu behalten. Vera, das ist Mike, und um bösen Gerüchten vorzubeugen, kann ich Ihnen versichern, dass er keinem Kult angehört, der Tieropfer bringt. Jedenfalls nicht mehr – nicht wahr, Mike? Du hast doch geschworen, dass Schluss ist mit diesen ekelhaften Schweinereien. Also versuch erst gar nicht, hier wieder die Hohe-Priester-Nummer abzuziehen, du alter Teufelsanbeter. Prost und viel Vergnügen.«

Wenn die beiden nicht jede Menge zu bereden haben …

Seien Sie kein Spielverderber

Der paranoide Generalissimo ist über die Korrelation von Spaß und Zerstörung bestens im Bilde und wird beides mit einem überzogenen Regelwerk erdrücken. Ein schlichtes Gähnen versetzt das ängstliche Mäuschen in Panik – das Mäuschen ist so furchterfüllt, dass der Abend zum Scheitern verdammt ist, weil es seinen Gästen nicht genug Raum zum Atmen lässt. Die Kindergärtnerin will, dass alle sich blendend unterhalten, auch wenn das bedeutet, dass sie die Gäste zu ihrem Glück zwingt. Der pedantische Hausmeister behandelt seine Gäste wie Elefanten im Porzellanladen. Der Typ, der im Schlafzimmer einpennt, erliegt vorzeitig seiner Nervosität oder mangelnden Trinkfestigkeit und begeht damit gesellschaftlichen Selbstmord, zumal wenn er nicht verrät, wo er den Korkenzieher versteckt hat, bevor er kollabiert.

Partyspiele für die, die keine Partyspiele mögen

Schenkt man den älteren Partyführern Glauben, so gab es einmal eine Zeit, in der elegant gekleidete, verantwortungsvolle Erwachsene sich in modern möblierten Wohnzimmern trafen und sich mit ausgelassenen Spielen wie »Die Reise nach Jerusalem«, »Flaschendrehen« , dem »Apfelsinenspiel« und »Blinde Kuh« amüsierten.

Heutzutage hingegen sind die meisten Leute zu »cool«, um sich solch profanen Kindereien hinzugeben. (Offen gestanden: Auch damals dürften alle zurechnungsfähigen Leute zu »cool« für solchen Quatsch gewesen sein. Oder können Sie sich Hemingway und Chandler bei einer »Reise nach Jerusalem« vorstellen?)

Glücklicherweise können Sie dem herrschenden Zynismus ein Schnippchen schlagen, indem Sie Spiele spielen, bei denen die anderen gar nicht merken, dass sie mitspielen. Hier sind drei wunderbare Möglichkeiten, eine Party aufregender zu gestalten, und sei es nur für Sie:

Die tickende Kotzbombe

Hierbei handelt es sich um eine überarbeitete und zeitgemäßere Variante der guten alten »Reise nach Jerusalem«. Sobald sich jemand von einem eng besetzten Sofa erhebt, um sich einen frischen Drink zu holen oder – besser noch – auf die Toilette zu gehen, sollten Sie den Sitznachbarn Folgendes sagen: »Langsam würde ich aufpassen. Die letzten Male hat er mir über die Hose gekotzt. Er weiß eigentlich, dass er nur drei verträgt, und jetzt ist er schon wieder mindestens beim Fünften. Das Schlimme ist, er wirkt vollkommen nüchtern, und von einem Augenblick auf den anderen fängt er an zu kotzen.»

Ziel des Spiels ist es, so viele Leute wie möglich dazu zu bringen, zu ihm auf Abstand zu gehen. Wenn Sie es schaffen, dass alle von der Couch aufspringen, wenn er sich wieder nähert, haben Sie gewonnen und dürfen den frei gewordenen Platz besetzen.

»Entschuldigen Sie, aber denken Sie, es ist befremdlich, dass meine Frau darauf besteht, dass ich mit attraktiven fremden Frauen ins Bett gehe? Tatsächlich? Krank befremdlich oder cool befremdlich?«

Warum willst du nicht mit mir ins Bett gehen, bitte?

Bei dem alten Ratespiel »Wer bin ich?« musste man mit einer begrenzten Anzahl Fragen die Identität eines Mitspielers erraten, der vorgab, eine historische oder prominente Persönlichkeit zu sein. In dieser sehr viel aufregenderen Variante haben Sie zwanzig Fragen, um herauszufinden, warum eine schöne Unbekannte nicht mit Ihnen ins Bett gehen will (wobei es Ihnen natürlich nicht gestattet ist, die Frage direkt zu stellen). Hier einige Fragen, mit denen Sie beginnen können:

»Würden Sie Ihren Freund umbringen, wenn er sich das Gesicht operieren ließe und hinterher aussähe wie ich?«
»Was wäre, wenn meine Persönlichkeit in seinen Körper schlüpft?«
»Wenn Sie und ich auf einer tropischen Insel strandeten, warum wäre es dann wahrscheinlicher, dass eine Menge ziemlich uninteressanter Dinge passieren, während hingegen eine ziemlich interessante Sache nicht passiert? Und wäre das auch so, wenn wir nackt wären?«
»Ist Melissa Etheridge nicht einfach wunderbar?«

Sollten Sie nicht gewinnen, wissen Sie wenigstens, warum nicht.

Deine Lieblingsband ist voll Scheiße

Dieses spontane Spielchen beginnt mit der Frage an einen zufällig ausgewählten Gast (am besten funktioniert es bei dem Typen mit der Kassenbrille im dunkelblauen Nicki): »Und was hören Sie?« Ganz egal was er antwortet; Sie haben Zeit, bis er seinen Drink ausgetrunken hat, um ihm klarzumachen, dass seine Lieblingsband die letzte Scheiße ist. Sie haben gewonnen, wenn er Ihnen für den Rest des Abends vom anderen Ende des Zimmers aus hasserfüllte Blicke zuwirft.

Barbaren und andere Ehrengäste

Oh, sie sehen vielleicht harmlos aus, aber sobald man diesen Rohlingen auch nur eine Sekunde den Rücken zukehrt, würden sie für eine Flasche Scotch eine Zehnjährige umbringen.

Jede Party ist anders, und das gilt auch für die Gäste (es sei denn, Sie stecken wirklich tief im immer gleichen sozialen Sumpf), weshalb es nicht ganz einfach ist, vorherzusagen, was man von den Rohlingen zu erwarten hat.

Ganz recht, den Rohlingen. Sie werden, wie jeder andere auch, dazu neigen, zu Ihrer Party überwiegend Leute einzuladen, mit denen Sie vieles verbindet. Dabei sind Sie sich selbst der schlimmste Feind. Nicht Sie persönlich, sondern die, die so denken wie Sie und sich so benehmen wie Sie. Hier haben Sie ein ausgezeichnetes Beispiel für die dualistische Natur von Menschen im Allgemeinen und von Betrunkenen im Besonderen. Sie – der Gastgeber – werden sich – den Gast – für ein anmaßendes Arschloch halten, weil Sie den Boudoir-Effekt ignorieren und sich den teuren Stoff hinter die Binde kippen, während Sie – der Gast – sich – den Gastgeber – für einen faschistoiden Zwangscharakter halten werden, der mit einer lächerlichen Inszenierung versucht, Sie vom Konsum des edleren Stoffs abzuhalten, der im Übrigen für einen Lagavulin ziemlich merkwürdig schmeckt.

Deshalb sollten Sie nicht wirklich überrascht sein, wenn Sie feststellen, dass Ihre Gäste Ihnen gegenüber im Wesentlichen zwei Verhaltensweisen an den Tag legen: gebührenden Respekt und kaum verhüllte Aufmüpfigkeit. Und zwar mit kühl kalkulierter Absicht. Solange Sie noch relativ nüchtern sind, werden sie Sie wie einen greisen Millionärsonkel behandeln, der sein Testament noch nicht aufgesetzt hat. Später dagegen, etwa zu dem Zeitpunkt, da Sie feststellen, dass Sie die ganze Arbeit machen, damit die anderen sich an Ihrem Vorrat gütlich tun (das ist überhaupt nicht fair, oder?), beschleicht Sie der Verdacht, dass das ganze höfliche Getue nur ein Vorwand ist, um schamlos Ihre Großzügigkeit auszunutzen.

Noch später am Abend, wenn Sie langsam anfangen zu schielen, werden Ihre in Alarmbereitschaft versetzten Sensoren bei jeder Gelegenheit aufleuchten, und Sie werden in allem, was Ihre Gäste sagen, Doppeldeutigkeiten und kaum verhüllte Gehässigkeiten entdecken. Oh ja, einem Nüchternen mag dieses Benehmen völlig normal und höflich erscheinen, aber der verfügt ja auch nicht über Ihre Sensoren. Beispiel:

Gastgeber: »Wen haben wir denn da? Amüsieren Sie sich?«
Gast: »Ziemlich coole Party, ich ...«
Gastgeber: »Ziemlich cool? Was soll das heißen, ziemlich cool? Wollen Sie damit sagen, dass ich bescheuert bin?«
Gast: »Nein, überhaupt nicht! Ich heiße übrigens Mark, ich ...«
Gastgeber: »Mark! Bitte vielmals um Enschuligung, Eure Hoheit! Gleich erzählen Sie mir, dass Sie mit Markus Ar ... Markus Arielus verwandt sind, diesem griechischen Arschloch.«
Gast: »Meinen Sie Marcus Aurelius? Den römischen Kaiser? Aber der ist doch seit zweitausend Jahren tot ...«
Gastgeber: »Na und? Woll'n Sie mich jetzt auch noch mit Ihrer Familiengeschichte belästigen? Ich hab den Idiot nicht umgebracht.«

Sie verstehen, was ich meine?

Den Stöpsel ziehen

Ab wann kann man die Gäste raussschmeißen? Sobald kaum mehr genug Alkohol für Sie selbst da ist und nur noch geringe Chancen bestehen, dass frischer auftaucht. Das Letzte, was Sie wollen, ist, ohne einen Tropfen Alkohol in einer zerstörten Wohnung aufzuwachen. Dafür würden Sie sich hassen, und so einen netten Menschen wie Sie kann man eigentlich nicht hassen.

Solange die Vorräte jedoch noch nicht erschöpft sind, sind Sie verpflichtet, die Party von selbst enden zu lassen. Was sie früher oder später auch wird. Manchmal werden Sie einen plötzlich leeren und ausgestorbenen Raum vorfinden. Manchmal schnarchende Gäste, die durcheinanderliegen, als wären sie Opfer eines Granatenangriffs geworden. Lassen Sie sich von ein paar Übernachtungsgästen nicht die Laune verderben, auch nicht, wenn es sich um Fremde handelt. Sie befinden sich in einem Zustand, in dem sie nicht mehr zuwege bringen, als Ihnen das Sofa vollzukotzen.

Leben und Tod einer Party

Die Geburt

Die Ersten, die eintrudeln, sind Ihre beiden engsten Freunde. Sie begrüßen sie herzlich und bieten an, Drinks zu mixen. Sie stellen fest, dass sie wohl ein bisschen früh dran sind, aber Sie lachen und geben ihnen zu verstehen, dass ihr Timing perfekt sei. Die beiden bemerken stillschweigend, dass Sie ständig nervös zur Tür schielen, dass Ihre Schenkel so angespannt sind, als wollten Sie jede Sekunde aufspringen.

Gast 1: »Also, mit wie viel Leuten rechnest du?«
Gastgeber: »Eigentlich wollten alle kommen!«
Gast 2: »Sag mal, dieser Lagavulin schmeckt irgendwie komisch.«
Gastgeber: »Komisch. Vielleicht ist ihm das Fliegen nicht bekommen. Ich habe ihn selbst aus Schottland mitgebracht. Und aufgehoben, um ihn mit meinen besten Freunden zu genießen.«
Gast 1: »Wie viel Leute, sagtest du, erwartest du?«
Gastgeber: »Das spielt doch keine Rolle, oder? Wir drei können uns doch einen phantastischen Abend machen.«

Jetzt sind es Ihre Freunde, die zur Tür schielen.

Das Fundament

Weitere Freunde kreuzen auf, manche mit ein paar Fremden im Schlepptau. Jetzt befindet sich Ihre Party in einer entscheidenden Phase, gilt es doch, das Fundament eines gelungenen Abends zu legen. Nichts hält eine Gruppe rumstehender Gäste besser beisammen als eine Gruppe rumstehender Gäste, und wenn es Ihnen nicht gelingt, dass die Anwesenden die Ankömmlinge magnetisieren, wird sich Ihre Riesenfete ziemlich schnell in einen Busbahnhof verwandeln, auf dem die Leute mit demselben Tempo eintreffen, wie sie abreisen. Ihr zartes Pflänzchen befindet sich in einem äußerst fragilen Zustand und muss gehegt und gepflegt werden.

Gastgeber: »Mal kurz frische Luft schnappen?«
Gast: »Eigentlich wollten wir gerade weiter …«
Gastgeber: »Wenn ihr die schwarze Limo seht, lasst es mich wissen. Ich will ihn ankündigen.«
Gast: »Wen ankündigen?«
Gastgeber: »Streng geheim. Er hat mich strikte Geheimhaltung schwören lassen. Aber ich will mal so sagen, das wird vielleicht der aufregendste Abend eures Lebens.«
Gast: »Trotzdem, wir haben versprochen, auch noch bei …«
Gastgeber: »Bei Hellen? Mit der habe ich gerade telefoniert. Teenager mit Maschinenpistolen haben ihre Gäste vertrieben, sie ist schon auf dem Weg hierher.«

Der Aufstieg

Gehen wir davon aus, dass es Ihnen gelungen ist, ein solides Fundament zu legen, dann geht der Spaß jetzt so richtig los. Ihre Wohnung füllt sich mit Gästen, angeregte Unterhaltungen schaffen eine aufgeweckte Atmosphäre, verlockende neue Spirituosen werden mitgebracht. Sie schließen sich der Truppe in der Küche an, um etwas zur Stärkung des Gemeinschaftsgefühls beizutragen.

Gast 1: »Gibt's eigentlich einen Anlass für die Party?«
Gastgeber: »Rasputins Todestag. Ein Hoch auf den irren Mönch!«
Gast 2: »Haben sie den nicht mit einer Prise Arsen im Wein vergiftet?«
Gast 3: »War wahrscheinlich dieselbe Marke wie diese Tütenplörre …«
Gastgeber: »Man hat ihm auch noch in den Rücken geschossen. Mehrfach. Wieder und wieder.«
Gast 3: »Eigentlich schmeckt er gar nicht so schlecht, der Wein hier. Höchstens ein wenig gewöhnungsbedürftig.«

Der Höhepunkt

Inzwischen sind Sie einigermaßen angeschickert. Die Drinks, die Sie anfangs zur Milderung Ihrer Ängste gekippt haben, befinden sich mittlerweile in guter Gesellschaft mit denen, die Sie zur Begrüßung genommen haben, die sich wiederum blendend mit den diversen Kostproben von den mitgebrachten Getränken vertragen. Ihre Party hat die kritische Masse erreicht, und jeder wird neidlos anerkennen, dass sie ein voller Erfolg geworden ist. Sie brauchen sich nur all diese weinseligen Affen anzuschauen, die glücklich herumtollen und ihre lustigen Balzspielchen veranstalten. Nicht auszudenken, wenn die sich alle auf Hellens trübsinniger Veranstaltung hätten langweilen müssen. Die sollten Ihnen auf Knien danken.

Gastgeber: »Was geht, Jungs? Alles klar mit den Drinks?«
Gast 1: »Hallo. Prima Party, echt klasse.«
Gastgeber: »Da hast du verdammt recht. ›Prima‹ Party. Guckt euch all die glücklichen Affen an. Kann mir mal einer 'nen Drink mixen?«
Gast 2: »Schon unterwegs. Johnny Walker mit Soda, stimmt's?«
Gastgeber: »Pffft! Was ist denn das für 'ne Scheiße? Wenn das mein Freund Johnny ist, bin ich der Onkel von 'nem Affen.«
Gast 1: »Hoho, ich schätze, dann sind Sie Ihr eigener Onkel.«
Gastgeber: »Was soll 'n das heiß'n, du Wichser?«

Der Niedergang
Die ersten Frühaufsteher kommen mit ihren lahmen Ausreden, aber was soll's? Das ist die beste Party seit langem. Alle sehen das so. Jeder Einzelne dieser – verdammt, wer sind diese Idioten überhaupt? Kenn ich die? Ich kenn nicht mal die Hälfte. Sehen Sie sie sich an, wie sie sich verzückt am generösen Busen Ihrer Gastfreundschaft festsaugen und Sie dabei komplett ignorieren.

Gastgeber: »Na, schmeckt Ihnen mein Whisky?«
Gast: »Ja, danke. Ausgezeichnet.«
Gastgeber: »Schön. Freut mich, dass Ihnen mein Whisky schmeckt. Wie heißen Sie nochmal?«
Gast: »Mark. Ich bin ein Freund von …«
Gastgeber: »Ja, ja, Mike, ich will dir mal was sagen. Deine Lieblingsband ist so was von Scheiße.«

Der Kollaps
Sie haben nur kurz gezwinkert und plötzlich sind alle weg, bis auf die Bewusstlosen und Bewegungsunfähigen. Sie lehnen sich schwer atmend gegen den Küchentresen, und nachdem Sie ein ernstes Wort mit Ihrer Uhr geredet haben, teilt sie Ihnen mit, dass es fünf ist.

Gastgeber: »Verdammte Scheiße. Ich muss langsam gehen. Kann mir mal jemand ein Taxi rufen? Was lacht ihr so blöd, ihr Sackgesichter? Was dagegen, wenn ich jetzt nach Hause gehe? Muss mich vorher nur nochmal kurz ablegen. Nur, bis mein Taxi da ist. Nur 'ne Minute …«

Entzauberte Partymythen

Partymythos Nr. 1: Laufen Sie möglichst spät auf

Diese angeblich coole Masche ist in Wirklichkeit vollkommen idiotisch. Es ist viel besser, früh zu erscheinen, und zwar so früh, dass der Gastgeber noch mit dem Herrichten der Bar beschäftigt ist. Wenn Sie uneingeladen auf einer Party aufkreuzen und keine Ahnung haben, wer der Gastgeber ist, bringen Sie einfach einen großen Beutel Eis mit und behaupten, Karl habe Sie vorgeschickt. Wenn der Gastgeber fragt, welcher Karl, sagen Sie einfach, der Freund von Michael. Welcher Michael? Na der, der mal mit Hellen gegangen ist. Irgendwann wird der Groschen fallen.

Frühzeitiges Erscheinen gestattet Ihnen nicht nur erste Kostproben der edleren Brände, es verleitet die »cool spät« Kommenden auch dazu anzunehmen, Sie seien ein alter Freund des Gastgebers. Man wird Sie entsprechend mit dem gebührenden Respekt behandeln und keine unangenehmen Fragen stellen. Und vor allem wird es den ein oder anderen vielleicht davon abhalten, später am Abend Ihren Rausschmiss oder gar die Einschaltung der Strafverfolgungsbehörden zu fordern.

Partymythos Nr. 2: Achten Sie darauf, nicht overdressed zu erscheinen

Kompletter Schwachsinn. Diejenigen in Verlegenheit zu bringen, mit denen Sie sich um den besten Schnaps streiten, ist genau das, was Ihnen einen Vorteil verschafft. Eine sorgfältig errichtete Fassade gestattet Ihnen, sich komplett danebenzubenehmen und dabei ziemlich gut auszusehen. Wie sagt schon das alte Sprichwort: »Der Unterschied zwischen einem ungehobelten Schürzenjäger und einem schneidigen Schurken ist ein Frack.«

Partymythos Nr. 3: Verkneifen Sie es sich, den Barkeeper zu kritisieren

Zunächst einmal ist der Mann dort drüben, der die Drinks mixt, mit an Sicherheit grenzender Wahrscheinlichkeit kein Barkeeper, sondern ein tumber Trottel, der Mai Tai für ein vietnamesisches Wiegenlied hält. Scheuen Sie sich deshalb nicht, entschlossen hinter die Bar zu stürmen und die Kontrolle über die Gerätschaften zu erlangen. Wenn ein inkompetenter Kapitän dabei ist, den Dampfer gegen einen Eisberg zu fahren, ist es das gute Recht – nein, die verdammte Pflicht – eines jeden Gentlemans, ihn beiseitezustoßen und das Steuerrad bzw. den Cocktailshaker zu ergreifen. Armselig gemixte Drinks haben schon mehr viel versprechende Abende ruiniert als Eisberge Schiffe versenkt.

Partymythos Nr. 4: Achten Sie auf Anzeichen, der Gastgeber beabsichtige, die Party zu beenden

Das klingt, als sollten Sie sich mit dem Mantel über dem Arm neben die Tür kauern, bereit, in die Nacht zu verschwinden, sobald der Gastgeber auch nur einen Blick auf seine Uhr wirft. Unsinn, sage ich. Gastgeber sind Angsthasen und sollten als solche nicht in den natürlichen Ablauf der Festivitäten eingreifen dürfen. Anstatt auf Anzeichen zu achten – wer achtet um diese Uhrzeit überhaupt noch auf irgendwas? –, sollten Sie jeder Bemerkung à la »Es ist schon ganz schön spät geworden« oder »Braucht jemand ein Taxi?« mit Ignoranz begegnen, und wenn das nicht mehr reicht, mit Hohn und Spott. Ich war auf Partys, deren Flamme um Mitternacht vom Gastgeber auszulöschen versucht wurde, die aber wiederaufgeflackert ist und bis weit in den nächsten Nachmittag hinein gelodert hat.

Hier ein Beispiel, wie man einem kalten Gastgeber Feuer unter dem Arsch macht:

Gastgeber: »Nun denn, kommen Sie gut nach Hause.«
Sie: »Nach Hause? Wir haben doch gerade eben erst angefangen.«
Gastgeber: »Es ist fünf Uhr morgens. Sie sind seit gestern Abend um sechs hier.«
Sie: »Einen nehmen wir noch. Einen Absacker, um einen perfekten Abend zu krönen.«
Gastgeber: »Okay, einen noch.«
Sie: »Das ist doch schön. Eigentlich können wir die Flasche vollends leer machen.«

Gastgeber: »Die ist doch noch halb voll.«

Sie: »Ist sie nicht, jetzt gießen wir uns noch zwei ein, und dann machen wir uns langsam auf.«

Gastgeber: »Aber damit ist dann auch Schluss.«

Sie: »Mann, das ist ja ein richtiger Wachmacher. Schauen Sie sich bloß die Flasche an, die ist wie ein angeschossenes Reh, das in der Nacht langsam verblutet. Das einzig Anständige wäre, die Sache zu Ende zu bringen. Hier, einer noch, und schon ist sie alle.«

Gastgeber: »Okay, aber dann ist endgültig Feierabend.«

Sie: »Recht haben Sie und – halt, da ist sie ja. Da ist die Flasche Ouzo, die ich eigens zu diesem Anlass mitgebracht habe. Die habe ich den ganzen Abend gesucht.«

Gastgeber: »Nein, die hat uns mein Schwiegervater aus Griechenland mitgebracht.«

Sie: »Sind Sie ganz sicher? Genau so eine habe ich gekauft. Hier sehen Sie, da habe ich das Etikett markiert, alte Soldatentradition.«

Gastgeber: »Das haben Sie gerade mit dem Daumennagel eingerissen.«

Sie: »So, hab ich? Ich muss mir mal wieder die Nägel schneiden. Aber egal, da ich nun mal diese Flasche als Geschenk mitgebracht habe, wäre ich schwer beleidigt, wenn wir uns nicht wenigstens einen kleinen Schluck teilten. Dann bin auch weg.«

Gastgeber: »Von mir aus. Mein Gott, ich hasse das Zeug.«

Sie: »Widerlich, nicht wahr? Aber damals in Griechenland haben wir die Dinger nur so weggesoffen. Nicht wahr, Bob, Peter? Deshalb nehmen wir noch einen auf die alten Zeiten. Auf Griechenland!«

Gastgeber: »Alte Zeiten? Bevor Sie gestern um sechs mit einer Tüte Eis aufgekreuzt sind, habe ich Sie noch nie gesehen.«

Sie: »Sind Sie da ganz sicher? Na egal, dann eben auf die neu gewonnene Freundschaft.«

Gastgeber: »Hören Sie, ich glaube, meine Frau hat im Schlafzimmer einen Weinkrampf.«

Sie: »Ach, kommen sie, die weint nicht. Die lacht.«

Gastgeber: »Glauben Sie mir, sie weint.«

Sie: »Ein Grund mehr, uns noch einen einzuschenken. Da, sehen Sie mal, wer da noch gekommen ist.«

Gastgeber: »Was sind das für Leute?«
Sie: »Späte Gäste. Wir trinken noch einen oder zwei zusammen und schicken sie dann wieder weg. Wer will ein Gläschen Ouzo?«

Die Party kann nun weitergehen, und mit ein bisschen Glück schläft Ihr Gastgeber ein oder zieht sich zu seinem weinenden Weib ins Schlafzimmer zurück.

Strategien für ungebetene Gäste

Orten

Gehen wir systematisch vor. Ehe Sie sich auf einer Party einschleichen können, müssen Sie eine finden. Sie können nicht warten, bis Ihnen eine Einladung ins Haus flattert, Sie müssen selbst Ihr Ziel suchen, wie eine auf Schnaps ausgerichtet Cruise-Missile. Rufen Sie spätestens ab Mittwoch alle Leute an, die Sie kennen, und fragen Sie sie über mögliche Veranstaltungen aus. Irgendjemand wird etwas wissen, und alles, was Sie brauchen, ist eine Adresse. Eine andere Möglichkeit besteht darin, die Universitätsmensa oder zur Not auch den Pausenhof eines Gymnasiums aufzusuchen und die Ohren zu spitzen. Im schlimmsten Fall können Sie, zumindest wenn Sie in einer größeren Stadt wohnen, durch die angesagten Viertel schlendern und auf Partygeräusche achten. An einem typischen Freitag- oder Samstagabend werden Sie alle paar Meter einen Volltreffer landen.

Penetrieren

Nachdem Sie Ihr Zielobjekt geortet haben, müssen Sie reinkommen. Bei einigen Partys, insbesondere den größeren, wird niemand Notiz von Ihnen nehmen, wenn Sie sich unangemeldet dazugesellen. Auf den kleineren, wo jeder jeden kennt, können Sie Ihr Geschick unter Beweis stellen. Diese Partys sind sehr viel schwieriger zu knacken, dafür ist die Alkoholernte in aller Regel reichhaltiger und von sehr viel besserer Qualität. Beobachten Sie zunächst den Eingang. Wenn sich dort bereits Gäste aufhalten, sind Sie in Schwierigkeiten. Einem selbsternannten Türsteher wird es sehr viel leichter fallen, Sie bereits an der Tür abzuweisen, als Sie aus der Wohnung zu schmeißen. Da werden sie nämlich Vorsicht walten lassen, weil sie fürchten müssen, dass Sie Amok laufen und das Mobiliar zertrümmern.

Eine gute Möglichkeit, sich an den Typen an der Tür vorbeizumogeln, ist es, mit einem Plastikbecher oder besser noch einem soliden

Glas in der Hand aufzukreuzen. Die denken dann, Sie wären nur mal kurz rausgegangen und kämen jetzt wieder zurück, weil Ihr Glas alle ist. Wenn Sie genug Geduld haben, können Sie auch warten, bis ein Pärchen oder eine kleine Gruppe eintrifft und sich an sie dranhängen. Und keine Panik, falls es tatsächlich einen richtigen Türsteher gibt. In den meisten Fällen sammelt er allenfalls die Unkostenbeteiligung ein. Selbst wenn er Ihnen zu verstehen gibt, dass es sich um eine private Veranstaltung handelt, brauchen Sie bloß zu sagen, Michael habe Sie eingeladen. »Welcher Michael?« »Na, der von gegenüber.« Glauben Sie mir, jeder kennt einen Michael. Ansonsten sagen Sie einfach der Reihe nach ein paar gebräuchliche Namen auf, einer wird Ihnen schon die Tür öffnen.

Kommen Sie nicht mit leeren Händen. Sollten Sie eine Flasche zur Hand haben, bringen Sie sie mit. Wenn nicht, tun Sie wenigstens so. Eine hübsch verpackte leere Sektflasche (die Trojanische Pulle) wirkt Wunder, zur Not tut es auch eine Weinflasche in einer Plastiktüte (achten Sie dann aber wenigstens auf ein edles oder hippes Label – nein, nicht der Flasche, der Tüte). Sobald Sie drinnen sind, lassen Sie Ihr Präsent diskret verschwinden. Schieben Sie es einfach unter die abgelegte Garderobe.

Infiltrieren

Jetzt sind Sie drin, aber noch lange nicht in Sicherheit. Meistens müssen Sie auf dem Weg zum Alkohol ein großes Zimmer durchqueren, wo all die Leute herumhängen, die den Gastgeber persönlich kennen. Diese Typen beäugen misstrauisch jeden Neuankömmling, und Sie sollten darauf vorbereitet sein. Das Wichtigste dabei ist die Demonstration von Selbstbewusstsein. Bewegen Sie sich, als gehörten Sie dazu. Der größte Fehler ist, sich verschämt durch die Tür zu drücken und allen Blicken auszuweichen. Entern Sie die Party mit einem Lächeln. Sagen Sie auf dem Weg zur Küche, wo sich meistens die Alkoholvorräte befinden, zu einer oder zwei Kleingruppen »Hallo«. Wenn wenigstens drei zusammenstehen, wird jeder annehmen, Sie kennen die beiden anderen. Vielleicht fliegen Sie irgendwann auf, aber bis dahin sollte es Ihnen gelungen sein, den halben Whiskyvorrat zu vernichten.

Einschleimen

Sie haben den Schnaps gefunden, und voller Glückseligkeit über Ihren Erfolg fangen Sie an zu schlucken, als gäbe es kein Morgen. Ganz großer Fehler! So ziehen Sie nur unnötige Aufmerksamkeit auf sich. Zumindest während der ersten drei Drinks sollten Sie sich unauffällig benehmen. Gewöhnen Sie die anderen langsam an Ihre Gegenwart. Bleiben Sie in Bewegung. Schleichen Sie nicht um die Flaschen wie ein Vampir um die Blutbank. Nehmen Sie sich einen Drink und entfernen Sie sich von der Quelle. Lassen Sie sich nicht zu einer Verzweiflungstat hinreißen. Und stehen Sie um Gottes willen nicht einsam und verlassen in der Gegend herum. Dadurch signalisieren Sie geradezu, dass Sie ein unwillkommener Eindringling sind. Suchen Sie sich die am harmlosesten aussehende Gruppe aus und gesellen Sie sich lächelnd dazu. Lachen Sie über den ersten Satz, der halbwegs lustig klingt. Lachen macht sympathisch. Ernten Sie komische Blicke, gehen Sie in die Offensive. Tun Sie so, als zählten Sie zum harten Kern: »Hätte nicht gedacht, dass so viele Leute kommen, selbst ich kenne kaum die Hälfte.«

Gelingt es Ihnen nicht, sich bei einer netten Gruppe einzuschleimen, müssen Sie unbedingt in Bewegung bleiben. Machen Sie sich klar, dass Sie Frankensteins Monster sind. Wenn Sie zu lange stehen bleiben, werden die Dorfbewohner Ihnen erst misstrauische Blicke zuwerfen und früher oder später Mut fassen und näher rücken, ihre Fackeln entzünden und … Nun, Sie wissen, wie es mit Frankies Monster zu Ende gegangen ist.

Kapitulieren

Manchmal hat man Pech. Obwohl Sie alles richtig gemacht haben, läuft irgendetwas schief. Vielleicht ist die Party zu klein, und nach einer Weile haben die anderen Gäste festgestellt, dass keiner Sie kennt. Vielleicht haben Sie ein bisschen zu laut gekichert, als Sie mit der Champagnerflasche aufs Klo verschwunden sind. Oder Sie hätten den Lagavulin nicht in ein Bierglas schütten sollen. Wie auch immer, plötzlich sieht es aus, als hätten Sie die Pest, und keiner will mehr mit Ihnen reden. Verzweifelte Versuche, sich an eine Gruppe heranzuschleimen, werden mit plötzlichem Ersterben der Unterhaltung und indigniertem

Abrücken quittiert. Und plötzlich finden Sie sich in der gefährlichsten aller Lagen wieder. Sie stehen einsam in der Nähe der Alkoholvorräte, tun sich am teuren Schnaps gütlich und machen sich zur perfekten Zielscheibe. Sie sind aufgeflogen! Man hat Sie enttarnt. Sie sind der saufende Wolf im Schafspelz, die Hunde beginnen, Sie von der Herde und, schlimmer noch, von der Tränke zu isolieren, und früher oder später wird man Sie auffordern, sich zu verabschieden. Wahrscheinlich werden sie eine Frau vorschicken, und wenn das nichts nützt, die stärksten Männer, die sie auftreiben können.

Ehe dies geschieht, müssen Sie handeln. Und zwar schnell und entschlossen. Sobald es sich andeutet, dass sich die Party für Sie dem Ende nähert, trinken Sie so viel und so schnell wie möglich den teuren Stoff weg. Besorgen Sie sich ein möglichst großes Gefäß, das Sie mitnehmen können. Füllen Sie es mit dem Besten, was die Bar noch zu bieten hat. Tun Sie dabei so, als wären Sie nicht ganz dicht. Stammeln Sie. Führen Sie inkohärente Selbstgespräche, erwecken Sie den Eindruck psychischer Instabilität. Man wird Sie trotzdem hinauskomplimentieren, aber wahrscheinlich nicht riskieren wollen, dass Sie durchdrehen, und Ihnen deshalb Ihr randvolles Gefäß lassen.

4
Die Kraft des positiven Trinkens

- Das Zen des einsamen Trinkens
- Filmriss am Wochenende

Das Zen des einsamen Trinkens

Nutzen Sie den Alkohol, um Ihrem inneren Affen Auslauf zu geben

»Was hast du gestern Abend gemacht?«
»Mich sinnlos volllaufen lassen.«
»Ah, wo warst du?«
»Nirgends. Ich hab zu Hause getrunken.«
»Du schmeißt eine Party und lädst mich nicht ein? Wer war alles da?«
»Niemand. Ich hab allein gesoffen.«
»Im Ernst? Was ist los mit dir? Willst du darüber reden?«

Oh ja, ich *will* darüber reden. Jedoch nicht darüber, was mein Freund fälschlich als düsteren Grund meines einsamen Trinkens vermutet hat, sondern über das einsame Trinken an sich.

Irgendwann hat sich bei den Leuten die Idee festgesetzt, dass ein Mensch, der allein und einsam seinen Alkohol vernichtet, auf dem besten Weg sei, in einen dunklen Schlund abzurutschen. Sei es Selbstmord, die Gosse oder als Autor eines Alkoholiker-Ratgebers.

Und oberflächlich betrachtet ergibt dies durchaus Sinn. Alkohol ist das essentielle gesellschaftliche Gleitmittel. Er sorgt dafür, dass man sich heiter gelöst versammelt. Er besitzt die einzigartige und heilige Macht, das strohtrockene Schweigen der Nüchternen in feuchtfröhliches Gemeinschaftsgefühl zu verwandeln. Aus Fremden werden Freunde, aus Freunden werden Cliquen, aus Cliquen entstehen riesige Säufergemeinden. Der Alkohol ist das Band, das Sie mit den meisten Ihrer Freunde und Bekannten verbindet, und garantiert nicht das gemeinsame Interesse an Briefmarken.

Alleine trinken hingegen ist eine sehr viel reinere und zielgerichtetere Art des Zechens, denn der einsame Trinker konzentriert sich ausschließlich auf den schlichten Akt der Alkoholaufnahme. Alle halbherzigen Vorwände, Alkoholkonsum lediglich als Randerscheinung gesellschaftlicher Aktivitäten zu verharmlosen, werden damit beiseitegefegt. Der einsame Zecher dringt zum Kern des Trinkens vor: sich volllaufen zu lassen. Und indem er dies tut, dringt er zu seinem innersten Ich vor. Die innere Freude, der innere Wahn, das Unterbewusste, das *wahre* Ich.

Natürlich gibt es Menschen, die der Gedanke, einen Augenblick nur mit sich selbst zu verbringen, in Angst und Schrecken versetzt. Wenn man solche Leute in ein stilles Zimmer setzt, greifen sie spätestens nach fünf Minuten zum Telefon oder schalten den Fernseher an. Schon Mark Twain wusste: »Im tiefsten Innern seines Herzens hat niemand besonders großen Respekt vor sich selbst.« Er hat recht. Warum *sollten* solche Menschen mit ihrem inneren Ich abhängen wollen? Ist ihnen doch dieses Wesen trotz aller guten Absichten und Versuche ein Fremder, schlimmer noch, ein Fremder, der alle ihre verborgensten, dunkelsten und schrecklichsten Geheimnisse kennt.

Das ist – Ironie des Schicksals – wiederum genau der Grund, *weshalb* Sie mit ihm abhängen müssen, weil der Hundesohn sich sonst früher oder später gegen Sie richtet. Je länger Sie ihn einsperren, desto aggressiver wird er, und am Ende löst er einen Nervenzusammenbruch aus oder eine selbstzerstörerische Tat.

Und hier kommt unser alter Freund Alk ins Spiel. Sie wissen, dass der Stoff ein charmanter Vermittler zwischen Freunden und Fremden ist, aber ist Ihnen auch bekannt, dass er ebenso talentiert ist, eine innere Kommunikationsverbindung aufzubauen? »Whisky gibt dem Affen Zucker«, lautet das alte Sprichwort, und dieser Affe ist Ihre verborgene Identität, Ihr Unterbewusstsein, Ihr inneres Ich. Anstatt den Affen aller Öffentlichkeit vorzuführen, wo er dann Amok läuft (das zumindest wird man Ihnen am nächsten Morgen mitteilen), lassen Sie ihn sich im stillen Kämmerlein austoben. Ein ruhiger Ort ohne Jäger und Opfer. Lernen Sie ihn kennen. Machen Sie sich mit ihm vertraut. Am Ende fangen Sie vielleicht sogar an, den kleinen Hundesohn zu mögen.

Finden Sie Ihre Festung der Einsamkeit

»Also blieb ich im Bett und trank. Wenn man trinkt, ist die Welt zwar immer noch da draußen, aber für einen Moment hat sie dich nicht mehr an der Gurgel.« Charles Bukowski

Die innere Quelle anzuzapfen, wenn man in Gesellschaft trinkt, ist genauso unmöglich, wie einen geraden Satz zu schreiben, wenn einem jemand über die Schulter blickt. Was schade ist, denn nie ist das Unterbewusste hellsichtiger und redewilliger als im Suff.

Deshalb gilt es, ein ruhiges Plätzchen zu finden. Dimmen Sie die Lichter und stöpseln Sie das Telefon aus. Und schalten Sie um Gottes willen den Fernseher aus. Die vermaledeite Kiste ist die Antithese innerer Besinnlichkeit, ein plappernder Knappe, der niemals still ist und einfach nur zuhört, dafür gemacht, Ihre Aufmerksamkeit zu stehlen und für seine niedrigen Bedürfnisse zu missbrauchen. Schalten Sie ihn aus oder, besser noch, werfen Sie ihn aus dem Fenster.

Der beste Ort, um alleine zu zechen, ist der Esstisch. Flasche und Glas jederzeit erreichbar vor sich zu haben, besitzt eine metaphysische Qualität. Bogart in Casablanca kommt einem in den Sinn. Außer natürlich, dass Sie keinen Sam haben, der Ihnen *As Tears Go By* vorspielt. Aber das heißt ja nicht, dass Sie nicht auch Musik auflegen können, die Sie in die richtige Stimmung versetzt.

Der Soundtrack der Abgeschiedenheit

»Das Einzige, was besser ist als einer meiner Songs, ist einer meiner Songs mit einem Glas Scotch.« Jackie Gleason

Auch wenn Sie Metal, Rap, Punk, Electro oder Techno bevorzugen, wenn Sie mit der Gang unterwegs sind, sollten Sie sich darüber im Klaren sein, dass alleine trinken nicht heißt, sich aufzuputschen, sondern im Gegenteil darauf abzielt, so weit runterzukommen, dass Sie die innere Mechanik Ihrer Psyche ticken hören. Deshalb ist langsame, melodielastige Musik am passendsten. Tom Waits, das Jackie Gleason Orchestra, Johnny Cash und Portishead funktionieren bei mir am besten. Sie wissen selbst, was Sie in meditative Stimmung versetzt. Finden Sie Ihren langsamen inneren Rhythmus und trinken Sie darauf.

Freunden Sie sich mit der Flasche an

»Ein gut gemixter Martini oder Gibson, korrekt gekühlt und hübsch serviert, stand mir öfter als wahrer Freund zur Seite als jede zweibeinige Kreatur.« M. F. K. Fisher

Nach drei oder vier Gläsern werden Sie die Vorteile des Alleintrinkens klar und deutlich erkennen. Als da sind:

Sie sind Ihr eigener Barkeeper: Alleine trinken bedeutet, Sie können genau das trinken, was Sie wollen. Geben wir's doch ruhig zu, was wir in der Öffentlichkeit trinken, ist nicht notwendigerweise das, was wir gerne trinken. Es gibt soziale Normen, denen man sich unterwerfen muss, oft gilt es, einen Ruf zu verteidigen, Freunde zu beeindrucken. Des-

halb ordert Ihr Kopf einen Tequila, obwohl Ihre Seele nach einem Black Russian schreit.

Sie bestimmen das Tempo: Noch einen? Schenken Sie ein. Kein Anstehen, kein Druck, schon wieder so ein Mädchengetränk ordern zu müssen, kein Rausschmeißer, der Ihnen sagt, Sie hätten genug. Die Flasche vor Ihnen sagt nie Nein. Nur Ja, Ja und nochmals Ja!

Schnaps schmeckt besser: Lesen Sie in aller Ruhe ein gutes Buch, und Sie werden die Schönheit eines perfekt formulierten Satzes erkennen und in sich aufnehmen. Lesen Sie in einem lauten vollen Raum, und die Schönheit wird Ihnen entgehen. Das Gleiche gilt fürs Trinken. Keine Ablenkungen, die Ihre Aufmerksamkeit von einem tiefen Schluck Single Malt ablenken, der sich langsam auf Ihrer Zunge entfaltet. Sie werden ein breites Spektrum an Gerüchen und Aromen wahrnehmen. Sie werden die verborgenen Tiefen eines Cocktails auskosten, den Sie als flachen Teich in Erinnerung haben. Zeigen Sie mir jemanden, der alleine und ohne das Bedürfnis nach menschlicher Gesellschaft trinkt, und ich zeige Ihnen jemanden, der den Alkohol wahrhaft zu schätzen und genießen weiß.

Die Flasche labert nicht: Eines der schönsten Vergnügen ist das vertrauliche Schweigen unter Freunden. Sie wissen, wovon ich rede. Sie sitzen irgendwo und nehmen mit einem guten Freund einen ruhigen Drink. Beide verspüren Sie nicht das geringste Bedürfnis, eine Unterhaltung zu beginnen; es besteht ein stillschweigendes Verständnis. Diese Augenblicke jedoch sind selten und kostbar. Heutzutage haben wir so viel Angst, dass der andere uns für langweilig hält und sich nach einem gesprächigeren Trinkkumpan umsieht oder, schlimmer noch, in unserer Gegenwart zu gähnen beginnt. Aus dem Bauch dieser Furcht wurde die sinnlose Pest des Small Talks geboren. Ich habe schon

Abende verbracht, an deren Ende ich mich an keinen Satz erinnern konnte, der meine grauen Zellen beflügelt hätte. Geschweige denn einen, der mir wirklich zu Herzen gegangen wäre. Wenn Sie mit Ihren Freunden schwatzen, vernachlässigen Sie den inneren Säufer, dem nichts weiter übrigbleibt, als dazuhocken und zu brüten.

Wenn Sie dagegen mit der Flasche trinken, werden Sie mit einem umfänglichen, sanft dahinplätschernden Schweigen belohnt. Die Flasche erzählt keine Klatschgeschichten, sie versucht Sie auch nicht von der Stereoanlage zu überzeugen, die sie zu kaufen beabsichtigt, nein, sie steht nur da, ihr Schweigen ist ursprünglich und rein, und statt Ihre Ohren zu überschwemmen, sorgt sie für stetigen Zustrom in Ihren Rachen.

Sie können sich so zum Narren machen, wie Sie wollen: Die Flasche wird Sie nicht schief anschauen, nur weil Sie grundlos loslachen oder wie ein schlechter Schauspieler auf dem Tisch herumtrommeln. Sie können sich so gefühlsduselig, melodramatisch und sentimental aufführen, wie Sie wollen, ohne dass Ihnen jemand sagt, Sie sollten nicht so traurig dreinschauen, mal ein bisschen lachen oder sich am Riemen reißen.

Lernen Sie Ihren Affen kennen

»Sie wissen nicht das Geringste über einen Mann, solange Sie sich nicht gemeinsam betrunken haben.« Charles Russell

Nach etwa fünf Gläsern wird der Affe an den Käfigstäben rütteln. Lassen Sie ihn raus.

Betrachten Sie sein sanftes Lächeln. Das ist Ihr übermütiges Ich, das am Tresen so charmant die Ladys zu umgarnen versteht. Achten Sie auf das verschlagene Glitzern in den Augen. Das ist der Glückspilz, der mit den unwahrscheinlichsten, aber umso zuversichtlicheren Ideen überrascht, wenn er voll ist. Spüren Sie, wie leicht es ihm ums Herz ist. Das ist die gute Seele, die auch über den schlechtesten Kneipenwitz lacht, der je erzählt wurde.

Scheint gar kein so übler Bursche zu sein. Stellen Sie sich ihm vor. Spendieren Sie ihm einen Drink. Gestatten Sie ihm, Ihnen einen Drink zu spendieren. Jemand, der Ihnen einen Drink spendiert, kann kein ganz schlechter Mensch sein.

Und jetzt erkennen Sie auch den Affen als das, was er wirklich ist. Er ist Sie, ohne soziale Fesseln. Ein von seinen Ketten befreiter Sklave. Sie, ohne die Angst, was andere Leute denken mögen. Er ist das, was Sie sein wollen, nicht das, was Eltern, Freunde, Geliebte, Chefs und der liebe Gott wollen.

Nach ein paar weiteren Gläschen wird der Alkohol Ihr Selbstbewusstsein beflügeln, und es wird sich eine wohlige Wärme in Ihnen breitmachen. Nun denken Sie plötzlich: »Himmel, der Kerl ist ein wahrer Prinz!«

Sie verstehen, das ist der Bursche, der den ganzen Weg mit Ihnen gegangen ist, der Ihnen in jeder Schlägerei beigestanden hat, der da war, als Sie sich durch die tiefsten Schatten der Depression kämpften, der Ihnen die Flagge gereicht hat, die Sie auf dem Gipfel Ihres Erfolges hissten. Die ganze Zeit über hofften Sie, jemand anderes würde Ihnen zusehen, und die ganze Zeit über waren Sie es, der von innen zuschaute.

Schwelgen Sie in nostalgischen Gefühlen. Jeder weiß eine gute Story zu schätzen, und Ihr inneres Ich erinnert sich an alle. Kosten Sie die schönen Augenblicke aus, lachen Sie über Fehler, die Sie begangen haben. Erkennen Sie, dass jede Erfahrung Ihres Lebens, jeder Erfolg, jeder Fehler Sie unbeirrbar zu diesem kostbaren Augenblick hingeführt hat: mit dem besten Freund zu trinken, den Sie je hatten und je haben werden.

Scheuen Sie sich nicht, Ihre Gefühle zu zeigen. Unter Menschen werden Sie eher darauf verzichten, ihnen freien Lauf zu lassen. Vielmehr werden Sie sich der Gefühlswelt Ihrer Gesellschaft anpassen. Nun können Sie sich fühlen, wie Sie wollen. Lachen. Weinen. Tun Sie verdammt nochmal, wonach Ihnen ist. Wenn Sie sich dabei ertappen, dass Sie vor Selbstbewusstsein bersten oder sich wie ein Narr benehmen, halten Sie einen Moment lang inne und vergegenwärtigen Sie sich, dass Sie Ihr einziger Zuschauer sind. Wer soll Ihnen Vorschriften machen?

Die Flasche? Nein. Ich kenne die Flasche, und die Flasche redet nicht. Während Sie tiefer und tiefer in sich selbst versinken, werden Sie eine neue befremdliche Ganzheit spüren. Ihr unterdrücktes Ich wird sich mit der Oberfläche vereinigen, und obwohl die beiden niemals ganz verschmelzen werden (sollte Ihnen das gelingen, sollten Sie sich um die Stelle des Dalai Lama bewerben), die beiden werden turteln und merken, dass sie einander mögen. Und darum geht es.

Ehe Ihre Reise ins Ich sich dem Ende zuneigt, sollten Sie sich vergewissern, dass Sie wirklich erkennen, was Sie erreicht haben. Schauen Sie in den Spiegel, erzittern Sie unter Ihrer neugewonnenen Kraft. Sie haben ein Band geknüpft und sich mit der einzigen Person auf Erden verbündet, die mehr als Sie selbst entscheidet, ob Sie gegen die Wand fahren oder Ihre Träume wahr werden lassen.

Am nächsten Morgen werden Sie sich vielleicht kaum an Ihr nächtliches Abenteuer erinnern, doch das ist nicht tragisch, denn der Affe vergisst nicht. Ein Fremder, der Ihnen wirklich von Herzen zugetan ist, ist ein mächtiger Verbündeter, denn er wird Ihnen zu Hilfe eilen, wenn Sie es am wenigsten erwarten.

Wenn Sie sich das nächste Mal mit Ihren Freunden volllaufen lassen, blicken Sie tief in Ihr Glas, Ihren geheimen Spiegel: »Hallo, alter Freund. Erinnerst du dich an die stille Stunde, die wir zusammen verbrachten? Wir werden uns wieder begegnen. Nur du, ich und die Flasche.«

Filmriss am Wochenende

Erobern Sie Ihr Wochenende zurück, indem Sie sich das Hirn wegsaufen

Früher war das Wochenende das unantastbare Territorium der arbeitenden Klasse. Jede Sekunde zwischen Freitagnachmittag und Montagmorgen war heilig. Der schwer schuftende Mann konnte die Ärmel herunterrollen, die Füße hochlegen und eine wohlverdiente Ruhepause einlegen, ehe er wieder beim Boss antanzen musste.

Doch das war, bevor Mobiltelefone, Pager und E-Mails unser Leben verseucht haben und die Grenze zwischen Arbeit und alkoholgetränktem Ausspannen verschwimmen ließen. Heutzutage sind wir stolz, die Stimme unseres Herrn in der Tasche zu tragen, und befinden uns nur eine Kurzwahltaste von dem Joch entfernt, von dem wir uns am Wochenende mit Hilfe des Alkohols zu befreien versuchen.

Das Wochenende ist zu einem kümmerlichen Pflänzchen im Schatten des übermächtigen Arbeitsbaums verkommen. Vergeblich recken sich die dürstenden Wurzeln des zarten Pflänzchens nach den lebensspendenden Säften aus Hopfen, Malz und Traube, während ihm das mörderische Blätterdach oben die letzten Sonnenstrahlen raubt.

Und wenn eines düsteren Sonntagmorgens das Telefon Sie aus Ihren Träumen (natürlich träumen Sie nur noch von Ihrem Job) reißt, Ihr Boss Sie mit immer perfideren Anweisungen peinigt und Ihnen ungerührt mitteilt, dass man Sie das dritte Wochenende in Folge an Ihrem Arbeitsplatz erwartet – dann dämmert Ihnen plötzlich, dass Ihr Wochenende nicht einmal mehr ein armes, aber selbständiges Pflänzchen ist, sondern lediglich ein Fortsatz des Arbeitsbaumes. Ihnen wird klar, dass die heroischen Taten unserer Vorfahren vergeblich waren und Sie wieder in Leibeigenschaft gefangen sind.

Das ist exakt der Grund, weshalb der Filmriss am Wochenende von so existentieller Bedeutung ist. Vom Alkohol beflügelt können Sie ein herrliches Freudenfeuer entfachen, in dessen lodernden Flammen Sie das entwürdigende Joch zu Asche verbrennen können, mit der Sie

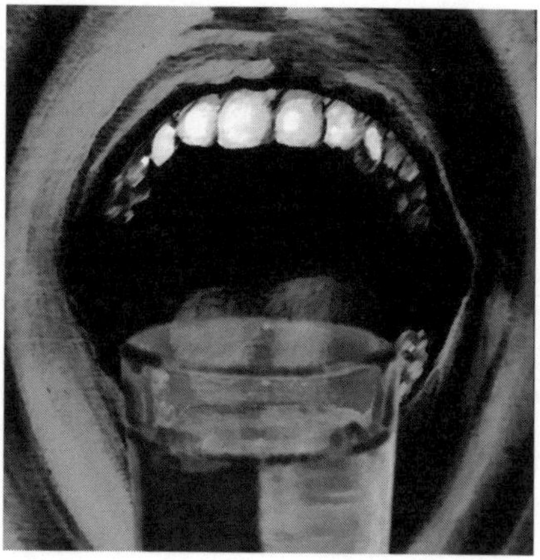

dann die Grenzen, die so unbarmherzig verschoben wurden, neu markieren können.

Wenn Sie nun der Meinung sind, etwas niederzubrennen, um es zurückzugewinnen, ergäbe keinen Sinn, sollten Sie sich vergegenwärtigen, dass dieses Prinzip für fast alles Gültigkeit besitzt. Zum Beispiel zählt zu den wenigen Möglichkeiten, Ihre Selbstachtung wiederzugewinnen, nachdem Ihre Freundin Sie betrogen hat, das Abfackeln ihres Autos. Und wenn die Behörden Ihren vollkaskoversicherten Wagen beschlagnahmt haben, weil Sie ungezählte Strafzettel nicht bezahlt haben? Genau. Dann nehmen Sie ein Taxi zur Wohnung der kleinen Schlampe und fackeln ihr neues Auto ab.

Ehe Sie die Streichhölzer anzünden, sollten Sie sich eines vor Augen führen: »Das Wochenende gehört mir. Ich habe es mir von niemandem geborgt. Und um zu beweisen, dass es mir gehört, werde ich es verschwenden.«

Drei Grundregeln des Filmrisses am Wochenende

1. Der Filmriss muss in dem Augenblick einsetzen, in dem Sie am Freitag Ihren Arbeitsplatz verlassen, und bis in die frühen Morgenstunden des Montags anhalten.

2. Solange Sie bei Bewusstsein sind, sollte sich stets ein alkoholisches Getränk in Reichweite befinden. Stellen Sie sich vor, es sei ein Kruzifix und Sie müssten das Wochenende in Graf Draculas Schloss verbringen.

3. Es ist absolut erforderlich, dass Sie mindestens achtzig Prozent des Wochenendes vergessen. Und trauern Sie nicht um all die kostbareren Erinnerungen. Wenn Ihre Freunde Ihnen alles erzählen, werden Sie sich sofort wieder betrinken, um alles wieder vergessen zu können.

Planen Sie Ihr Wochenende

Mancher Filmriss am Wochenende bedarf keiner Planung. Er passiert einfach. Freitagnachmittag in einer Bar aufzukreuzen, sichert Ihnen einen Platz auf dem Filmrissfestival. Ist das nicht aufregend? Da sitzen Sie, Sie denken, Sie machen einen kleinen Spaziergang, während Sie in Wirklichkeit die ersten Schritte einer abenteuerlichen Reise nach Afrika oder Alaska unternehmen.

Tatsächlich wird Sie Ihr Ausflug aller Wahrscheinlichkeit nach nicht weiter als bis zum nächsten Getränkemarkt führen. Was für eine Schnapsidee auch, da geht man mal kurz auf ein Gläschen raus und landet in einem Iglu, wo man mit einer Bande Eskimos Brüderschaft trinkt.

Deshalb ist sorgfältige Planung unumgänglich. Wie jeder große Abenteurer weiß, ist die Vorbereitung der entscheidende Teil einer erfolgreichen Expedition. Glauben Sie wirklich, Admiral Peary habe sich nicht ein Schlittenhund-Eintopf-Rezept überlegt, ehe er die leckeren Bestien gen Nordpol gepeitscht hat?

Stehen Sie auf, bevor Sie untergehen

Es existieren einige gute Bücher, mit denen Sie sich auf die hemmungslose Ausschweifung vorbereiten können. Besonders zu empfehlen sind: *Der Feuerkopf* von J. P. Donleavy, *Angst und Schrecken in Las Vegas* von Hunter S. Thompson und *Fiesta* von Ernest Hemingway. Wenn Sie kein Bücherwurm sind, schauen Sie sich einen dieser Filme an: *Zwei Freunde am Rande des Wahnsinns*, *Barfly* oder *Wer hat Angst vor Virginia Woolf?* Wenn es sein muss, können Sie auch *Leaving Las Vegas* angucken, aber schalten Sie ab, bevor Nicholas Cage »Ich bin eine Kaktusfeige« stöhnt.

Checken Sie Ihr lokales Anzeigenblatt nach Happy-Hour-Specials und planen Sie Ihre Kneipentour entsprechend. Nehmen Sie notfalls einen Spickzettel mit. Sollten Sie es noch nicht wissen, finden Sie heraus, welche Bars bereits am Vormittag geöffnet haben. Manche bieten ab sechs Uhr morgens ganz hervorragende Frühaufsteher-Specials an.

Richten Sie Kontrollpunkte ein

Als die Truppen am Omaha Beach gelandet sind, haben sie auch nicht gefragt: »Wo fährt denn der Zwölf-Uhr-Bus nach Berlin ab?« Auf dem Weg dahin mussten sie jede Menge Zwischenstationen einlegen, und das sollten Sie auch tun.

Planen Sie mindestens ein Großereignis pro Abend ein. Treffen Sie sich mit Ihren Kumpels zur Happy Hour am Freitag. Versprechen Sie einer Ihrer Künstlerfreundinnen, dass Sie am Samstagnachmittag zu ihrer Vernissage kommen werden, laden Sie sich zu einem weinseligen Dinner für den Abend ein und schwören Sie einem alten Freund, dass Sie am Sonntag das Konzert seiner Band besuchen werden. Sagen Sie Ihr Kommen so enthusiastisch und herzerwärmend zu, dass die schieren Schuldgefühle Sie zwingen werden, auch tatsächlich zu erscheinen.

Legen Sie Vorräte an

Die Herbeiführung eines Filmrisses ist ein durch und durch gesellschaftliches Ereignis, das sich im Wesentlichen in Bars und Kneipen abspielt, so dass Sie nicht die für einen wochenlangen Exzess notwendigen ganz großen Alkoholvorräte brauchen. Tatsächlich kann – ich wage es kaum auszusprechen – zu viel Alkohol im Hause Ihrem Vorhaben sogar schaden. Natürlich brauchen Sie genug, um sich über die dunklen Stunden hinwegzutrösten, in denen die Bars geschlossen haben, aber wenn Sie sich zu viel zu Hause bereitstellen, könnten Sie das Interesse verlieren, das Haus zu verlassen und neue Abenteuer außerhalb Ihrer vier Wände zu suchen.

Kleiden Sie sich dem Anlass entsprechend

Shorts, Flip-Flops und ein ärmelloses T-Shirt mit der Aufschrift »I Lost my Ass in Vegas« mögen Ihren Vorstellungen von Bequemlichkeit, wenn nicht sogar Prêt-à-porter-Mode entsprechen. Bei einem Barkeeper gehen bei solch einem Anblick allerdings alle Alarmlampen an. So unfair es klingen mag, aber ein angemessen gekleideter Trinker kann eine deutlich zuvorkommendere Bedienung erwarten als ein Lebowski-Klon, der aussieht, als käme er gerade vom Hallen-Motocross.

Eins nach dem anderen, süßer Bacchus: Chronologie eines Filmrisses

Tag 1 – Freitag

Der logische Ausgangspunkt Ihrer abenteuerlichen Expedition ist der freundliche Hafen in der Nachbarschaft zur Happy Hour. Nicht nur sind die Drinks preisgünstig, er ist auch ein fruchtbarer Boden für die Rekrutierung von Soldaten, die für Ihre Sache kämpfen.

Im Gegensatz zu exzessiven Sauftouren ist der wochenendliche Filmriss ausgezeichnet geeignet, Gefolgschaften anzuziehen. Während eine Solo-Tour dazu führen kann, dass die natürlichen Grenzen überschätzt werden, kann die Paarbildung oder die Konstitution einer Gruppe Gleichgesinnter unabweisbare Vorteile zeitigen. Man kann sich gegenseitig so ermutigen, aufputschen und im Ernstfall auch gewaltsam nötigen, dass gemeinsam bis dato nicht für mögliche gehaltene, schwindelerregende Höhen feuchtfröhlicher Seligkeit erklommen werden.

Bitten Sie einen Freund, Sie auf einen vielleicht wochenlangen Exzess mit offenem Ende zu begleiten, und er wird Sie anschauen, als wollten Sie ihn ohne Rückfahrkarte in die Hölle entführen. Ein kalkuliertes Filmrisswochenende hingegen, das aufgrund seines klaren Zeitlimits eine hohe Überlebenswahrscheinlichkeit garantiert, bedarf sehr viel geringerer Überredungskünste. Wenn es deren überhaupt bedarf. Laden Sie Ihren Freund zu all Ihren Wochenendvorhaben ein, und er wird vielleicht nicht einmal merken, dass er sich auf einer Sauftour befindet, bis er sich am Montagmorgen krankmeldet.

Sollten Sie allerdings Schwierigkeiten haben, eine geeignete Gefolgschaft zu versammeln, zögern Sie nicht, alle zur Verfügung stehenden Tricks anzuwenden und falls nötig auch erbarmungslos zu lügen und zu betrügen. Gegen Mitternacht sollten Sie in diesem Fall einen geeigneten Kandidaten beiseitenehmen und ihm eröffnen, dass Sie gerade Schreckliches durchmachen. Erzählen Sie ihm, Ihre geliebte Frau sei gestorben, Sie hätten heute Nachmittag erfahren, dass Sie Kehlkopfkrebs haben oder dass Ihre Lebensabschnittsgefährtin eine Affäre mit jemandem angefangen habe, den Ihr Gefolgsmann in spe verabscheut. Geben Sie sich tapfer, aber selbstmordgefährdet. Starren Sie bedeutungsschwanger ins Nichts, als suchten Sie dort nach der Brücke, von der Sie sich stürzen können.

Wenn er auch nur einen Funken Sympathie für Sie hegt, wird er Ihnen Gesellschaft leisten. Eventuell spendiert er Ihnen sogar den ein oder anderen Drink, um Sie aufzumuntern, insbesondere wenn es Ihnen gelingt, den Eindruck zu vermitteln, dass der Alkohol gegenwärtig das einzige Bindemittel ist, das Ihr zerschlissenes Ich zusammenhält und daran hindert, sich kopfüber in Depression und Verdammnis zu stürzen. Ein Dialog mit dem Kandidaten könnte so ablaufen:

Sie: »Ich muss das loswerden. Ich muss mit jemandem darüber reden. Es zerreißt mir das Herz.«
Kandidat: »Was denn, Mann?«
Sie: »Na ja, es ist nur (an dieser Stelle wirkt ein wohlplatziertes Schluchzen Wunder) ... Als Christine herausgefunden hat, dass ich tödlichen Kniekrebs habe, hat sie mich verlassen.«
Kandidat: »Oh, Scheiße!«
Sie: »Schlimmer! Sie ist zu deiner gottverdammten Chefin gezogen.«
Kandidat: »Was? Die alte Schnalle. Die ist doch mindestens sechzig.«
Sie: »Was glaubst du, wie ich mich fühle? Die Frau meines Lebens verlässt mich für eine sechzig Jahre alte Frau! Bloß weil ich tödlichen Ellbogenkrebs habe.«
Kandidat: »Ellbogen?«
Sie: »Er streut unglaublich.«
Kandidat: »Oh, Scheiße!«
Sie: »Ich weiß nicht, was ich machen soll. (Werfen Sie einen langen Blick auf die Brücke in der Ferne.) Ich könnte, ich kann genauso gut ... (Legen Sie hier eine kleine Pause ein und lachen Sie selbstmörderisch auf.) Hey, mach dir um mich keine Sorgen, Alter. Solange ich meinen alten Kumpel Jackie D. habe, werde ich schon nicht ...«
Kandidat: »Komm, Alter, nimm's nicht so tragisch, kann ich dir einen ...«
Sie: »Doppelten Jack, ohne Eis. Eis ist Gift für meinen Halskrebs.«
Kandidat: »Halskrebs? Oh, Scheiße!«

Nun, auch wenn das alles krass, ja sogar grausam klingen mag, glauben Sie mir, eines Tages wird Ihr Freund es Ihnen danken. Denn tief in seinem Innern will er das Wochenende mit Ihnen durchsaufen. Das wollen wir doch alle. Alles, was wir brauchen, ist ein anständiger Vorwand, um den kläglichen Verpflichtungen und Vorhaben zu entkommen, die einem normalerweise das Wochenende ruinieren. Wir brauchen diesen Imperativ, der uns sagt: »Ich muss einfach mit ihm trinken, der Mann steht kurz vor dem Selbstmord! So schnell, wie sich sein Krebs ausbreitet, macht er es nicht einmal mehr bis zur Scheidung. Wäre es einer deiner Freunde, würdest du nicht auch mit ihm in den Irish Pub gehen, wo in genau fünfzehn Minuten die Alle-Whiskys-für-zwei-Flocken-Happy-Late-Night-Hour beginnt?«

Irgendwann im Verlauf des Wochenendes wird Ihre Geschichte als bombastische Lüge entlarvt werden. Aber wenn Ihr übel hintergangener Freund aufhört Sie anzuschreien, weil Sie ihn zum Saufen verleitet haben, während er dachte, er rette Ihnen das Leben, dann legen Sie ihm die Hand auf die Schulter, schauen ihm tief in die Augen und sagen: »Vielleicht, mein Lieber, habe ich ja auch mein Wochenende geopfert, um dein Leben zu retten. Denk mal drüber nach.« Warten Sie nicht ab, bis er das verdaut hat oder Ihnen dankt. Gehen Sie einfach. Schnell.

Ob Ihre Rekrutierungsbemühungen nun von Erfolg gekrönt sind oder nicht, der Freitagabend wird sich wahrscheinlich genau so entwickeln, wie alle anderen Freitagabende auch. Im Grunde ist es nur eine Aufwärmrunde. Sie hätten sich doch so oder so besoffen. Das wahre Abenteuer beginnt, wenn Sie aufwachen.

Tag 2 – Samstag

Wenn man den Freitagabend mit der hurrapatriotischen Parade vor jubelnden Massen auf dem Weg zur Front vergleicht, so entspricht der Samstagmorgen der Ankunft an der Front unter massivem, gedärmausweidendem Artilleriebeschuss.

Ihr erster Gedanke ist vielleicht, sich so tief wie möglich in den Schützengraben zu verkriechen oder vielleicht sogar zu versuchen, sich an ein Plätzchen zurückzuziehen, wo man es nicht so darauf abgesehen hat, Sie umzubringen. Jedoch, mein werter Freund, so werden weder Kriege gewonnen noch Gedächtnisse verloren.

Samstagmorgen, das ist der erste große Test des Wochenendes, wo die schwächeren Trinker erschöpft am Wegesrand schlappmachen. Aber nicht Sie. Sie haben klug vorausgeplant und den Treibstoff bereitgestellt, mit dem Sie Ihre Motivation beflügeln. Ich spreche natürlich von der Trinker-Revitalisierungsausrüstung.

Trinker-Revitalisierungsausrüstung
Ein fertig gemixter Eimer Bloody Bull
Zwei große Flaschen Gatorade
Multivitamintabletten
Ein Telefon

Wenn Sie einen Mordskater haben, kann der schiere Versuch, einen Wiederbelebungstrunk zu mixen, zur herkulischen Herausforderung werden. Allein schon der Blick auf die Wodkaflasche kann Brechreiz hervorrufen. Umgehen Sie diese Hindernisse jedoch einfach, indem Sie, bevor Sie am Freitagmorgen zur Arbeit gehen, einen Eimer Bloody Bull vorbereiten und kalt stellen. Ein Bloody Bull ist nichts weiter als eine Bloody Mary (je schärfer, desto besser), die Sie mit einem Liter Rinderbrühe aufmotzen. Wenn Sie es sich wirklich einfach machen wollen, dann stellen Sie sich eine Thermosflasche des Gebräus am Freitagabend auf den Nachttisch. Das wird Ihnen die unangenehme Peinlichkeit ersparen, in die Küche zu kriechen, um Ihre Medizin einzunehmen.

Je nachdem, wie fröhlich Sie an die Front marschiert sind, werden Sie den ersten Schluck hinunterwürgen müssen. Aber haben Sie Vertrauen und denken Sie stets daran: Wo noch Alkohol ist, ist noch Hoffnung.

Nachdem Sie den Inhalt der Thermosflasche Ihrem Kreislauf zugeführt haben und der Bulle die Kopfschmerzen vertrieben hat, müssen

Sie sich erheben und Ihrem Körper die Vitamine, Mineralien und Flüssigkeiten zurückgeben, die die vergangene Nacht herausgeschwemmt hat.

Schlucken Sie Ihre Multivitamintabletten und spülen Sie mit Gatorade nach. Sie werden feststellen, das flutscht besser als Wasser oder irgendwelche süßen oder kohlensäurehaltigen Getränke.

Nachdem Sie Ihre Bedürfnisse gestillt haben, müssen Sie sich der oft vernachlässigten Begleiterscheinung eines Katers widmen: den Schuldgefühlen.

Es ist leider wahr. Irgendwann hat ein verklemmter Fritze (der ganz offensichtlich nie das Vergnügen hatte, Ihrer zum Rhythmus von fünfzehn swingenden Margaritas vorgetragenen Karaoke-Version von *Total Eclipse of the Fart* zu lauschen) entschieden, dass gezieltes Wirkungstrinken ein schlimmes Vergehen darstellt. Und was noch schlimmer ist: Irgendwie hat der Kerl es geschafft, eine Masse anderer verklemmter Spießer zu überzeugen, und deshalb schaut unsere selbstgerechte Gesellschaft auf harte Trinker herab.

Was dazu führt, dass die meisten Schnapsnasen bewusst oder unbewusst Schuldgefühle entwickeln, weil sie den Dingen zusprechen, die sie dazu verführen, fröhlich auf die Bühne zu springen und sich lüstern juchzend an Bonnie Tylers Liedgut zu vergehen.

Aber ich stehe hier, um Ihnen ein für alle Mal ins Gewissen zu reden: Sie brauchen sich nicht zu schämen! Mit Ausnahme des einen Mals, als Sie sich halbnackt auf der Motorhaube des Cabrios Ihres Freundes geräkelt und der alten Dame zugerufen haben: »Ich habe alle Ihre Katzen gevögelt, Sie alte Hexe!« Dafür sollten Sie sich wirklich schämen.

Aber abgesehen von diesem einen Augenblick würdelosen Benehmens, den wir auch nie wieder erwähnen wollen, ist es keineswegs so, dass der Alkohol Sie in eine miese Ratte verwandelt. Im Gegenteil, Sie sind Teil einer alten und ehrwürdigen Tradition, die bis zum Anbeginn der Menschheit zurückreicht. Vergegenwärtigen Sie sich, dass die überwältigende Mehrheit der Männer und Frauen, die wahrhaft Geschichte geschrieben haben, jene Säulen also, auf denen jede große Gesellschaft gründet, bis zum Abwinken gefeiert und gebechert haben. Sie folgen also nicht dem Beispiel der Räudigsten und Schwächsten, sondern treten in die Fußstapfen der Klügsten und Besten. Hier ein Beispiel:

Sie: »Aufwachen, Alter! Ich muss dir was erzählen.«
Ihr Freund (der in fötaler Haltung vor dem Klo kauert): »Figgich.«
Sie: »Wie bitte? Irgendwie klang das wie ›Fick dich!‹.«
Ihr Freund: »Figgich.«
Sie: »Was? Hör zu! Ich wollte dir nur sagen, dass du dich nicht schämen musst, weil du dich ins Koma gesoffen hast! Alle großen Männer der Geschichte waren Komatrinker. Ich habe mal gelesen, dass George Washington und Ben Franklin steif wie die Nattern in einer Kutsche herumgebrettert sind und alte Damen mit üblen Sprüchen über Katzen verschreckt haben.«
Ihr Freund: »Ichrinichum.«
Sie: »Das klang fast, als hättest du ›Ich bring dich um‹ gesagt. Aber egal, Alter. Du warst wirklich gut gestern Abend. Erinnerst du dich, wie du die fette Braut vollgekotzt hast, während du versucht hast, ihr auf die Schulter zu klettern? Das war so erhaben!«
Ihr Freund: »Ichrinichum …«

Ich bin mir bewusst, dass es da draußen einige von Ihnen gibt, die glauben, es bedürfe keiner besonderen Mixturen, Psychospielchen oder Motivationsreden, um einen Kater zu bewältigen. Himmel, Sie haben unzählige Morgen danach mit nichts als ein paar Kippen und einem Eimer vergossener Tränen überstanden.

Doch machen Sie sich eines klar: Sie müssen die Bestie nicht nur überleben, sondern kaltblütig erlegen, denn Sie haben noch zwei harte Tage und Nächte erbarmungslosen Zechens und verzweifelten Schulterkletterns vor sich. Sie können sich den Luxus nicht leisten, Ihren Plüschbären zu umarmen und sich im Fernsehen die Qualifikation zur Curling-Europameisterschaft anzusehen. Sie müssen sich zusammenreißen, sammeln und zurück an die Front marschieren und sich an George und Ben ein Beispiel nehmen.

Bereit für neue Unternehmungen? Gut, denn Samstag ist Abenteuertag. Welche Art Abenteuer Sie erleben, liegt ganz allein an Ihnen und eventuell Ihrem Freund, der gerade aus dem Badezimmer taumelt und Ihren Duschkopf wie einen Baseballschläger über dem Kopf schwingt.

Ein kurzes Wort zu Mobiltelefonen

Sie eignen sich vorzüglich dazu, Taxis zu rufen, die Truppen zusammenzutrommeln, im Suff Verflossene daran zu erinnern, warum sie Sie verlassen hat, und um die Bullen zu rufen, wenn ein Irrer mit einem Duschkopf in der Hand Sie die Straße hinunterjagt. Aber merken Sie sich: Mobiltelefone sind eines der Übel, die Sie auszurotten versuchen. Also krabbeln Sie zur nächsten Grünfläche und vergraben Sie Ihr Handy dort.

Ihrem Abenteuer einen passenden Namen geben

Die Suff-Safari

Verbringen Sie den Nachmittag und Abend mit dem Versuch, so viele Bars wie möglich zu erforschen. Ein schicker Tropenhelm wird Ihnen den Respekt der Eingeborenen sichern.

Der Rattenfänger von Hameln

Versuchen Sie, so viele Freunde wie möglich zusammenzutrommeln. Versammeln Sie Ihre Truppen in einer Bar und belagern Sie gnadenlos den Tresen, während Sie insgeheim Ihre persönliche Fehde mit den Deckeln Ihrer Freunde austragen.

Der Bukowski

Machen Sie einen Ausflug in die Gosse Ihrer Heimatstadt. Wagen Sie sich in die verkommenen Spelunken, klettern Sie auf schmierige Barhocker und halten Sie einen Plausch mit den lokalen Schnapsdrosseln. Dabei können Sie durchaus etwas lernen, und sei es nur, wie man einer Konversation mit einem Betrunkenen entgeht, der ständig fragt, wie man früher gevögelt hat.

Die Zapfhahnparade

Suchen Sie die Bar mit den meisten Biersorten auf und probieren Sie alle. Nehmen Sie Ihre Freunde mit. Eine Wette unter Freunden (über die gesamte Zeche beispielsweise) erhöht das Vergnügen.

Die potemkinsche Künstlerkarriere

Reden Sie sich ein, dass dies viel mehr ist als nur eine dreitägige Sauftour – nämlich nichts weniger als der Start in ein neues Leben. Erzählen Sie jedem, der es hören will, dass Sie Ihren Job aufgeben, Ihr Bankkonto auflösen und Ihren langgehegten Traum wahrmachen, als Künstler nach Paris zu ziehen. Natürlich werden Sie aller Voraussicht nach am Montagmorgen statt auf ein nacktes französisches Model wieder auf eine Tabellenkalkulation starren, aber immerhin brauchen Sie sich für drei kostbare und herrliche Tage nicht wie ein mutloser Verlierer fühlen, der keine Chance hat, jemals im Leben Sex mit einem französischen Model zu haben.

Durchs Alphabet trinken

Nehmen Sie einen soliden, altmodischen Cocktailführer mit in eine gut ausgestattete Bar und versuchen Sie sich durchs Alphabet zu trinken, das heißt einen Cocktail pro Buchstabe zu bestellen. Auf Ihrem Weg durchs Alphabet werden Sie wahrscheinlich ein paar neue Freunde kennenlernen. Und nur Mut, Barkeeper lieben es geradezu, wenn man ihnen ihre professionelle Inkompetenz unter die Nase reibt, indem man ihnen Rezepte aus einem Buch diktiert, das aus dem Jahr stammt, als der Applejack Posset Flip der absolute Hit war.

Tag 3 – Sonntag

Mann, Sie haben es geschafft. Wie geht's, alter Knabe? Wie, was soll das? Ich hätte schwören können, Sie hätten gerade gesagt, Sie wollten einen Duschkopf nehmen und … Ach egal, am besten, Sie legen sich nochmal hin und versuchen, nächstes Mal beim Aufwachen bessere Laune zu haben.

Sie werden schlafen wollen. Zwei Tage verschärften Zechens haben ihren Tribut gefordert, und für die letzte Etappe werden Sie noch einmal all Ihre Energie mobilisieren müssen.

Wenn Sie also schließlich aufwachen, werden Sie Ihren Kater weniger verheerend finden als die letzten? Warum? Nun, weil Sie sich einen permanenten Hirnschaden zugezogen haben.

Keine Angst, war nur Spaß. Der wahre Grund ist, dass Fitzgeralds Fuge eingesetzt hat.

Fitzgeralds Fuge

Benannt nach dem ebenso brillanten wie permanent angesäuselten F. Scott Fitzgerald. Sie werden sich ein bisschen taub, vielleicht so gar etwas schwindelig fühlen. Das liegt daran, dass Ihr Körper sich an den konstanten Alkoholpegel in Ihrem Blutkreislauf gewöhnt hat. Für Ihren Körper sieht es so aus, als würden Sie Ihren Kopf zu nichts weiter gebrauchen können als zur Beantwortung der intellektuell sehr herausfordernden Frage, ob Ihre Wohnungstür sich wie von Zauberhand öffnet, wenn Sie fünfmal den Schlüssel fallen lassen, weshalb Ihr Gehirn bis auf weiteres auf Stand-by schaltet.

Nichts wird Sie groß kümmern. Alles wird Ihnen ziemlich dämlich vorkommen, und Sie werden grundlos in lautes Gelächter ausbrechen. Sie fühlen sich, als würden Sie durch dichten Nebel gleiten, milde amüsiert von den gespensterhaften Schatten, die an Ihnen vorbeiziehen. Was in Ordnung ist, solange es sich bei diesen Schatten nicht um Kraftfahrzeuge handelt.

Doch Vorsicht. Auch wenn der Sonntag Ihnen verglichen mit Freitag und Samstag wie eine leichte Übung vorkommt, so steht Ihnen die gefährlichste Prüfung noch bevor. Sie wird härter sein als der Griff des Rausschmeißers und verführerischer als das nächstbeste Karaoke-

Mikrofon. Sie werden sich mächtig ins Zeug legen und unbeirrt an der betörenden Sirene vorbeirudern müssen, die versuchen wird, Sie in die Untiefen der Behaglichkeit zu locken.

Ich spreche natürlich von der lebenslangen Konditionierung, der Sonntag sei nicht der Tag, an dem man es krachen lassen darf.

Von dem Augenblick an, an dem wir gelernt haben, einen Tag vom anderen zu unterscheiden, wurde uns eingebläut, den Sonntag als den Tag der Ruhe und Erholung zu betrachten, den Tag, an dem wir Gott loben und preisen sollen; die Pufferzone zwischen dem samstäglichen Gelage und der Tretmühle, der Tag, an dem man seine Wunden lecken kann, damit man am Montag wieder mit strahlendem Lächeln und voller Selbstbewusstsein so tun kann, als verrichte man im Kopierraum eine Tätigkeit, die wenigstens entfernt an einen Job erinnert.

Diesen Versuchen der Gehirnwäsche gilt es mit aller Macht zu widerstehen. Es handelt sich hier um eine verlockende Falle und fürchterliche Lüge. Denn es ist nun mal so, dass sich der Sonntag ganz vorzüglich dazu eignet, dass man sich die Kante gibt. Zum Ersten: Gott selbst feiert, bis die Schwarte kracht. Als Jesus mit seinem Stecken auf die Wasserschläuche einschlug, hat sein alter Herr ihn keinen billigen Grapefruitsaft hervorzaubern lassen. Nein, er gab ihm die Macht, Wein zu schaffen, und ich wette, es war ein exzellenter Jahrgang. Und wissen Sie, warum er das getan hat? Weil er will, dass wir feiern, bis der Onkel Doktor kommt.

Und zum Zweiten: Am Sonntag weinen die ganzen Möchtegernsäufer zu Hause ihre Plüschtiere voll, also müssen Sie an der Bar nicht anstehen. Und schließlich ist fast überall den ganzen Sonntagabend über Happy Hour.

Ein Platz an der Sonne

Es gibt eigentlich nichts Schöneres, als an einem Sonntagnachmittag auf der Terrasse einer Bar herumzulümmeln. Die Zeit der Bloody Marys und Margaritas, die Zeit der Entspannung und der trägen Konversationen, die Zeit, eine endlose Parade von Pennern zu verscheuchen: »Verpiss dich, du Schnapsnase, ich hab dir doch schon gesagt, dass ich kein Kleingeld habe, die Beule in meiner Hose ist ein gottverdammter Elektroschocker.«

Aber sitzen Sie nicht nur herum und bedrohen obdachlose Pechvögel. Planen Sie Ihren Abend. Besorgen Sie sich ein Exemplar Ihres Anzeigenblättchens und studieren Sie die Happy-Hour-Angebote. Am Sonntagabend wird es jede Menge davon geben, denn der Sonntag ist für Profis.

Mit den Profis saufen

Vor fünfzig Jahren etwa stellte ein cleverer Barbesitzer fest, dass die meisten Beschäftigten des Gastronomiegewerbes am Sonntag frei haben. Er dachte, es wäre eine gute Idee, diese Leute mit speziellen Drink-Angeboten in seine Bar zu locken. Warum auch nicht? Es handelt sich schließlich um eine attraktive Klientel, die viel trinkt, großzügig Trinkgelder gibt und mit atemberaubenden Geschichten zu unterhalten versteht. Eine Barkeeperin erzählte einmal, wie sie »nicht nur einen, sondern zwei Barbereiche abdecken musste, weil Marie, die Schlampe, sich einfach krankgemeldet hat, und natürlich kommt genau dann ein Dutzend Touristen hereingestolpert, die offenbar aus Moosefuck, Kanada, stammten, wo noch nie einer das Wort ›Trinkgeld‹ gehört hat, und – das wirst du nicht glauben – die haben jeder eine Tasse kochendes Wasser bestellt, weil sie ihre eigenen beschissenen Teebeutel mitgebracht haben – die geizigen Wichser –, aber auf der verfickten neuen Kasse kannst du noch nicht mal kochendes Wasser eintippen, und überhaupt hab ich den Heckenpennern so was von klipp- und klargemacht, dass sie ihre verdammten Teebeutel woanders auslutschen sollen«. Warten Sie erst mal ab, bis Sie hören, was in Sektion zwei passiert ist.

Nun denken Sie vielleicht: »Schade, von diesen Gastro-Mitarbeiter-Specials würde ich auch gerne profitieren, zu dumm, dass ich nicht in dem Gewerbe arbeite.«

Na, so ein Pech aber auch! Dann laufen Sie doch schleunigst nach Hause und melden sich als Wahlbürohelfer an oder nehmen Sie dieses vielversprechende Geschäftsangebot von Dr. Numbanktu an, dem ehemaligen Ölminister von Nigeria.

Im Ernst, es ist egal, ob Sie in der Gastronomie arbeiten oder nicht. Sie müssen nur so tun als ob. Die wenigsten Barkeeper werden Ihren Lohnzettel sehen wollen (die meisten in diesem Metier arbeiten sowieso schwarz), und sollte es einer doch tun, dann schenken Sie ihm einfach den Mörderblick einer Kellnerin, die gerade irgendeinem Heckenpenner so was von klipp- und klarmacht, dass er seinen verdammten Teebeutel woanders auslutschen soll. Sollte das nichts nützen, erzählen Sie ihm, was in Sektion zwei passiert ist. Das wird ihn überzeugen.

Sie werden schnell feststellen, dass die Leute aus der Branche im Großen und Ganzen ein großzügiges und geselliges Völkchen sind und Sie sich mit möglichst vielen anfreunden sollten. Sie werden wertvolle Einblicke erhalten. Etwa, wie der Koch ein blutiges Steak in ein medium gebratenes verwandelt, indem er einmal draufspuckt und es wendet, ehe es zum Gast zurückgeht.

Zudem werden Sie feststellen, dass die Mitarbeiter des Gastronomiegewerbes sich ganz anders benehmen, wenn sie einmal nicht gezwungen sind, Sie zu bedienen. Zum Beispiel Barkeeper, die sich hinterm Tresen wie hochnäsige Schnösel benehmen, stellen sich in ihrer Freizeit als außergewöhnlich arrogante Arschlöcher heraus. Auch Kellnerinnen, die Ihre romantischen Annäherungsversuche während ihrer Schicht mit unpersönlichen Antworten wie »Muss ich den Rausschmeißer holen?« abgetan haben, können sehr viel weniger formell sein, wenn Sie frei haben und den strengen Pferdeschwanz geöffnet und zu einer wilden Mähne geföhnt haben. Dann kann es nämlich durchaus vorkommen, dass sie auf Ihren Flirtversuch mit der Bemerkung »Muss ich Bruno holen?« reagieren. Nun ja, Sie werden feststellen, dass Bruno dem Rausschmeißer verdammt ähnlich sieht, nur dass auch er seinen Pferdeschwanz geöffnet und zu einer wilden Mähne geföhnt hat.

Ein weiterer Vorzug, sich an diese Clique dranzuhängen, ist die Möglichkeit, sich mit einer Barfrau anzufreunden und sie dann an ihrem Arbeitsplatz zu besuchen, wo sie Ihnen garantiert ein paar Drinks spendiert. Achten Sie darauf, dass Sie großzügig Trinkgeld geben, denn sie wird sich kommenden Sonntag selbst ein paar genehmigen wollen, während sie ihren Kumpels von dem Trottel erzählt, der ständig bei ihr in der Bar aufkreuzt und glaubt, er könne Freidrinks von ihr schnorren.

Tag 4 – Montag

Der Wecker wird rasseln wie die Glocken der Hölle, und Sie werden zu sich kommen wie ein Mann, der in einem nach Nikotin schmeckenden Wackelpudding zu ertrinken droht und vergeblich versucht, an die Oberfläche zu kommen. Vielleicht sind Sie auch noch fertiger, aber das ist in Ordnung, denn Sie haben sich Ihr Wochenende zurückerkämpft!

Auf Ihre Heldentat zurückzuschauen, ähnelt einem Blick durch eine dichte Rauchwolke, aber das sollte es auch, denn schließlich haben Sie ordentlich Gummi gegeben. Sie haben sich durch das Wochenende gekämpft wie Dschingis Khan durch Europa und dabei nichts als verbrannte Erde hinterlassen.

Sie werden versucht sein, sich krankzumelden. Aber tun Sie das nicht. Das hieße, Ihre Ruhmestat zu entwerten. Sie sind ein Soldat, der siegreich aus einer mörderischen Schlacht heimkehrt. Wenn Sie jetzt Schwäche zeigen, werden die Wurzeln des Arbeitsbaumes sich wieder um Ihre Beine schlingen, und am kommenden Wochenende werden Sie sich Arbeit mit nach Hause nehmen. Trinken Sie Ihren restlichen Bloody Bull, sammeln Sie Ihre letzten Kräfte und quälen Sie sich zur Arbeit.

Die Wurzeln des Bösen werden wieder versuchen, sich Ihrer zu bemächtigen, deshalb seien Sie sicher, dass am kommenden Freitag das Kerosin bereitsteht.

Sie dürfen ruhig schon die Tage zählen.

5
Mit Abstinenzlern leben lernen

- Wie man eine Gardinenpredigt abschmettert
- Überlebensregeln für Trinker
- Traumberufe für Trinker

Wie man eine Gardinenpredigt abschmettert

Die unvermeidliche Konfrontation nicht nur überleben, sondern gewinnen!

Vielleicht ist es Ihnen auch schon passiert.

Ein Familienmitglied lädt Sie auf einen Drink ein, und plötzlich sind Sie von einem Bataillon Ihrer bigotten Verwandtschaft umzingelt. Sie sind in einen emotionalen Hinterhalt getappt und werden mit Beschuldigungen konfrontiert, dass Sie, ja Sie, mein lieber Trinker, ein fürchterlich kranker Mensch sind. Ein Mensch mit einem Problem, das so erschreckend außer Kontrolle geraten ist, dass man sich gezwungen sieht, jawohl gezwungen, Sie damit zu konfrontieren und dafür Sorge zu tragen, dass Sie sich ändern.

Nun gibt es tatsächlich Zeitgenossen, die sich insgeheim eine solche Einmischung herbeisehnen, weil sie selbstsüchtig nach Aufmerksamkeit heischen oder ein unterdrücktes Bedürfnis verspüren, mit dem Trinken aufzuhören. Wenn Sie dieses Buch lesen, zählen Sie aller Wahrscheinlichkeit nach weder zu der einen noch zu der anderen Gruppe, und deshalb wurde dieses Kapitel geschrieben.

Zunächst einmal ist festzustellen, dass eine sorgfältig ausgeführte Insgebetnahme Ihnen einen gewaltigen Nachteil beschert. Sie sind mit heruntergelassenen Hosen erwischt worden, sehen sich einer gewaltigen Übermacht gegenüber und leiden wahrscheinlich auch noch unter einem Mordskater. Allerdings bedeutet das noch lange nicht, dass Sie nicht mit Würde und intakten Trinkgewohnheiten entkommen können. Tatsächlich sollte es Ihnen – mit entsprechender Weitsicht und Vorbereitung – nicht nur gelingen, den Attacken auszuweichen, sondern auch so massiv zum Gegenangriff überzugehen, dass Ihre Feinde verschüchtert Deckung suchen. Hier also, was Sie zu erwarten haben und, wichtiger noch, wie Sie obsiegen können.

Ruhe bewahren

Leichter gesagt als getan. Eine Gardinenpredigt kann ein heimtückischer Angriff sein, ein persönliches Pearl Harbour. Gerade glaubten Sie noch, fröhlich auf Ihrem herrlich unkontrolliert dahinschlingernden Boot herumtorkeln zu können, als plötzlich wie aus dem Nichts Ihre Freunde in japanischen Zeros auftauchen und Sie mit Schuldgefühlen bombardieren.

Überraschte Menschen neigen zu emotionalen Reaktionen, attackierte Menschen zu defensiven; Sie müssen beides vermeiden. Ein lautstarkes Wortgefecht werden Sie verlieren, denn Ihre Gegner sind zahlreich und haben bereits einen fiesen kleinen Schlachtplan ausgeheckt. Sammeln Sie all Ihre innere Kraft und zaubern Sie ein mildes, nachsichtiges Lächeln auf Ihre Lippen. Überlassen Sie denen die Emotionen. Wenn Sie dann auf ihre maßlosen Anwürfe antworten, tun Sie es mit der ruhigen und sonoren Stimme der Vernunft. Agieren Sie wie ein toleranter Kinderpsychologe, der sich mit jähzornigen, irrationalen Bälgern beschäftigt. Imitieren Sie die ruhige, emotionslose Stimme des praktisch unfehlbaren HAL 9000, des Computers aus *2001: Odyssee im Weltraum*. Versuchen Sie möglichst jeden Satz mit dem Namen eines Ihrer Widersacher zu beenden. Beantworten Sie Fragen mit Gegenfragen. Zwingen Sie Ihre Gegner, ihre Motive zu erklären. Zum Beispiel:

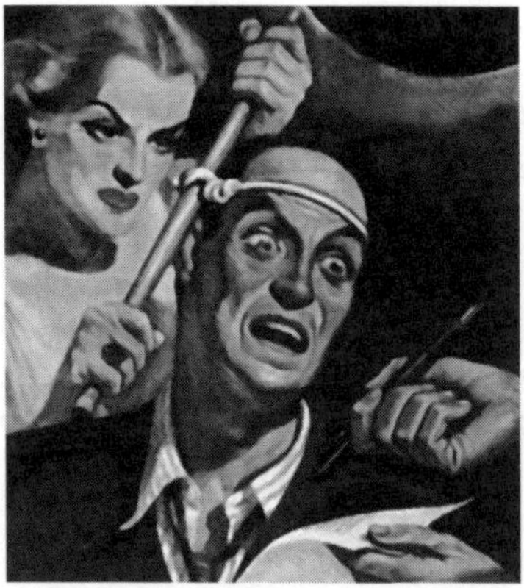

»Frank, warum trinkst du so viel?«

»Glaubst du wirklich, ich trinke zu viel, Tom?«

»Himmel, ja natürlich tust du das.«

»Und warum glaubst du das?«

»Du trinkst mehr als alle anderen.«

»Jackie Gleason hat mehr Witze erzählt als die meisten anderen. Ich denke aber nicht, dass ihn das zu einem schlechten Menschen macht. Denkst du, Jackie Gleason war ein schlechter Mensch, Tom?«

»Wir reden hier doch nicht über Witze. Wir reden übers Trinken.«
»Ich weiß nicht, ob dir das bekannt ist, Tom, aber Gleason trank auch einiges mehr als die meisten anderen. Wusstest du das, Tom?«
»Ja, und darüber wurde er zu einem sehr traurigen Menschen.«
»Er war ein glücklicher Mensch, Tom. Ich glaube, die meisten Menschen hätten gerne mit ihm getauscht. Er ist zweiundsiebzig geworden. Wusstest du das, Tom?«
»Wir reden hier nicht über Jackie Gleason, wir reden über dich!«
»Willst du damit sagen, ich hätte nicht das Recht, genauso glücklich zu sein wie Jackie Gleason? Warum gönnst du mir nichts, Tom? Was hast du gegen mich, Tom? Ich glaube, dem sollten wir erst mal auf den Grund gehen, bevor wir über andere Dinge reden, Tom.«
Das wird sie kirre machen.

Suhlen Sie sich in der Wahrheit

Wenn Ihre Gegner stur der Standard-Gebetsmühle folgen, werden sie darauf bestehen, dass Sie zugeben, ein Alkoholiker zu sein. Dies ist nicht der Zeitpunkt, sich in die Defensive drängen zu lassen und ausgefeilte Lügen zu erzählen. Wenn Sie erst einmal etwas leugnen, von dem Sie und die anderen wissen, dass es stimmt, haben die anderen die Moral auf ihrer Seite. Sie werden die Burg Ihres Lebensstils belagern, und Lügen eignen sich schlecht als Sandsäcke.

Geben Sie einfach zu, dass Sie von ganzem Herzen Alkoholiker sind. Liebkosen Sie das Wort und berauben es so seiner Macht. Geben Sie es mit derselben faktischen Gelassenheit zu, mit der Sie auch bestätigen würden, Weltmeister im Saure-Gurken-Wettessen zu sein. Keine große Sache, nur etwas, was Sie zufällig besonders gut beherrschen. Geben Sie sich nicht als schamerfülltes verzagtes Opfer, sondern als stolzer, seiner Situation vollständig bewusster Freizeittrinker. Diese Taktik wird die anderen mit ziemlicher Sicherheit aus der Fassung bringen und möglicherweise sogar zur Weißglut treiben. Sie werden erwartet haben, dass Sie dem Schlag auszuweichen versuchen, doch stattdessen lassen Sie ihn von Ihrem Eisenkinn abprallen wie eine lästige Fliege.

Argumentieren Sie mit Gott und Wissenschaft

Als Nächstes werden sie Sie fragen: »Merkst du denn nicht, welche Schäden der Alkohol anrichtet?« Diese Nummer war zu Zeiten, als alle Welt annahm, Alkohol sei eine schädliche Angelegenheit, recht erfolgreich, hat jedoch angesichts einer Welle medizinischer Studien, die allesamt bestätigen, wie gesund Alkohol ist, einiges an Überzeugungskraft verloren. Die meisten Antialkoholiker-Gruppen definieren einen Alkoholiker noch immer als jemanden, der zwei Drinks pro Tag zu sich nimmt, was ironischerweise exakt das Minimum ist, das die Gesundheitsbehörden empfehlen, um das Risiko einer Herzkrankheit um dreißig Prozent zu verringern und Ihre Lebenserwartung um zehn Jahre zu verlängern. Nachdem Sie diese Fakten ausgebreitet haben, sollten Sie in die Offensive gehen: »Nun mal ehrlich, was habt ihr für ein Interesse daran, mich in ein frühes Grab zu befördern? Ihr steht nicht einmal in meinem Testament, falls ihr davon ausgeht. Ich verspreche aber, regelmäßig Blumen auf eure Gräber zu legen. Vielleicht gönne ich mir im Gedenken an euch sogar ein Schlückchen aus meinem Arzneifläschchen und denke mir: Warum, warum nur habe ich nicht die Kraft besessen, sie dazu zu bringen, ihr Leben zu retten?«

Wenn sie Ihnen mit der Bibel vor der Nase herumfuchteln, sollten Sie sie darauf hinweisen, dass Jesus Wasser in Wein verwandelt hat und nicht umgekehrt. Die Bibel belegt weiter, dass Noah sich regelmäßig die Kante gegeben hat, und wo wären wir heute, wenn der gute alte Käpt'n nicht die Tiere eingesammelt und den Kahn flottgemacht hätte? Außerdem sollten Sie unbedingt diesen Bibelvers parat haben:

»Gebt starkes Getränk denen, die am Umkommen sind, und Wein den betrübten Seelen, dass sie trinken und ihres Elends vergessen und ihres Unglücks nicht mehr gedenken.« (Sprüche Salomos 31:6–7)

Wenn Sie den losgelassen haben, können Sie sich zurücklehnen und Ihre Gastgeber fragen, ob Sie die Freundlichkeit besäßen, ein Fläschchen Wein zu entkorken.

Bearbeiten Sie das schwache Glied

Mindestens ein Mitglied der Gruppe würde am liebsten im Erdboden versinken. Der, der sich im Hintergrund hält und Blickkontakt vermeidet. Wahrscheinlich ist er selbst ein heimlicher Zecher. Wahrscheinlich nicht vom selben Kaliber wie Sie, aber nichtsdestoweniger ein kleiner Schluckspecht. Er ist das schwache Glied der Kette, und ihn müssen Sie attackieren. Sobald die Attacken überhandnehmen, sollten Sie sich an den Schwächling wenden und sagen:

»Ich habe dich auch schon den ein oder anderen wegstecken sehen, Bob. Wusstest du, dass die dich jetzt dafür verurteilen?«
»Ja, aber ich trinke nur mäßig, ich ...«
»Tja, was heißt schon ›mäßig‹? Manche Leute, wie unsere Anne hier, finden, dass schon ein Drink einer zu viel ist. Und jetzt erinnere dich, wie blau du an deinem Geburtstag warst.«
»Ja, aber da hab ich gefeiert.«
»Na und? Vielleicht ist mir jeden Tag nach Feiern? Bin ich deshalb ein schlechter Mensch? Von denen habe ich nichts anderes erwartet, aber von dir, Bob?«

Jedes Mal, wenn die anderen etwas gegen Alkohol vorbringen, sollten Sie sich an Bob wenden und sagen: »Hörst du, was sie über dich sagen, Bob? Auf mich wirkst du nicht wie ein schrecklicher Mensch, Bob. Im Gegenteil, ich halte dich für einen wundervollen Menschen.«

Er wird sich in Grund und Boden schämen. Er wollte sowieso nicht dabei sein, und jetzt wünscht er sich sehnlichst, er wäre woanders, ganz egal wo. Seine niedergeschlagene Miene wird eine Bresche in die Selbstgerechtigkeit der anderen schlagen, und eventuell steht er Ihnen sogar bei. Ein grausamer Trick, durchaus, aber Sie können es wieder gutmachen, indem Sie ihm später einen ausgeben.

 Lassen Sie Ihr fragwürdiges Benehmen in einem vorteilhaften Licht erscheinen

Irgendwann werden Sie die Höhepunkte Ihres, sagen wir, nicht ganz feinen Benehmens unter Alkoholeinfluss abspulen. Wie auch immer Sie darauf reagieren, vermeiden Sie in jedem Fall, lautstark die Verantwortung zu leugnen: »Ihr könnt mich dafür nicht verantwortlich machen. Ich war total weggetreten!« Formen Sie stattdessen den schmutzigen Lehm Ihres schlechten Benehmens zu kleinen cleveren Häschen:

»Frank, ich habe gesehen, wie du eine ganze Flasche billigen Wodka getrunken hast!«
»Etwas Besseres konnte ich mir nicht leisten. Du willst doch nicht, dass ich mein karges Gehalt für feine Single Malts verprasse und meine Miete nicht mehr bezahlen kann.«
»Du hast auf den Tresen gekotzt!«
»Mir war hundeübel. Was machst du denn, wenn dir schlecht ist?«
»Als der Türsteher dich rausschmeißen wollte, hast du dich mit ihm angelegt.«
»Der hat deine Männlichkeit beleidigt. Du denkst vielleicht, deine Männlichkeit sei es nicht wert, verteidigt zu werden, aber ich schon.«

»Warum hast du dann versucht mich zu erwürgen?«
»Ich hab doch nur Spaß gemacht. Das innere Kind, das sich Bahn brach. Stecken wir so tief im Gefängnis des Erwachsenseins, dass wir nicht einmal mehr ein bisschen herumblödeln können?«
»Und dann bist du mit dieser komischen Frau abgezogen.«
»Das war Sally Winterbottom, von den Winterbottoms aus Boston. Genau so sind sich auch meine Groß-

eltern begegnet. Und die sind seit fünfzig Jahren glücklich verheiratet. Übrigens: Wusstest du, dass Sally ganz wunderbare Gedichte schreibt, Tom?«

»Am nächsten Tag bist du nicht zur Arbeit erschienen.«

»Liegst du mir nicht ständig in den Ohren, ich solle diesen bescheuerten Job aufgeben? Weil er weit unterhalb meiner Fähigkeiten liegt? Mit ein bisschen Glück werde ich gefeuert und gezwungen, meine wahre Bestimmung zu suchen.«

Geben Sie Ihren Unterdrückern nicklige Spitznamen

Im Gefängnis, so sagte man mir, bekommt jeder Wächter von den Insassen einen Spitznamen. Sie sollten Ihren Freunden das gleiche Privileg zukommen lassen. Inzwischen ist denen wahrscheinlich sowieso schon einigermaßen unbehaglich zumute, besonders wenn es sich um ihre erste Insgebetnahme handelt. Sie können die Spannung ein wenig anheizen, indem Sie jedem Ihrer Widersacher einen Spitznamen verpassen. Wenn sich beispielsweise ein Gutmensch in der Gruppe befindet, sollten Sie ihn Hitler nennen. Gibt es einen Konservativen, nennen Sie ihn Stalin. Bigotte Protestanten reagieren, wenn man sie Großinquisitor nennt, Katholiken, wenn man sie mit Luther vergleicht. Osama funktioniert bei fast allen.

Lassen Sie die Spitznamen großzügig in die Unterhaltung einfließen. Etwa so: »He, Hitler, wenn der Großinquisitor da drüben Kaffee kochen geht, sag ihm, er soll mir einen Wodka auf Eis mitbringen. Oh, ich habe vergessen, dass in der neuen Weltordnung kein Platz mehr für einen kleinen Cocktail ist. Ist das nicht so, Osama?«

Bringen Sie ihnen Respekt vor der freien Entfaltung der Persönlichkeit bei

Die stärkste und am schwierigsten zu konternde Waffe der Gardinenprediger ist die schlichte Frage: »Merkst du denn nicht, wie du deine Nächsten verletzt?« Wenn Sie für Ihre Alkoholexzesse tatsächlich schon die Bettchen Ihrer hungrig weinenden Kinder versetzt haben oder sich mit schöner Regelmäßigkeit mit dem Wagen Ihrer Frau um den nächsten Baum wickeln, dann stecken Sie in

Schwierigkeiten. Es gibt nichts mehr zu beschönigen, deshalb sollten Sie leise schluchzend Arm in Arm mit Ihren Liebsten die nächste Entzugsklinik Ihrer Wahl aufsuchen.

Wenn sie dagegen davon reden, wie Ihre Gewohnheiten sich negativ auf das Leben volljähriger Erwachsener auswirken, die von Ihnen nicht in einem feuchten Verlies gefangen gehalten werden, und Sie zudem nie betrunken Auto fahren, können Sie ihnen freundlich zu verstehen geben, sie sollen sich zum Teufel scheren. Wenn ihnen nicht gefällt, wie Sie Ihr Leben leben, können sie sich liebend gerne verabschieden, sobald Sie Ihren ersten Highball mixen. Die Väter der Verfassung bestimmten, dass jeder das Recht auf freie Entfaltung der Persönlichkeit hat, soweit er nicht die Rechte anderer verletzt und nicht gegen die verfassungsmäßige Ordnung und das, ähm, Sittengesetz verstößt. Wenn Ihre Vorstellung von Freiheit bedeutet, sich so lange die Kante zu geben, bis Sie wie ein glückseliges Walross auf einen schlecht verleimten Tisch knallen oder beim Aufwachen die Toilette umarmen, als wäre sie die Liebe Ihres Lebens, dann geht das die anderen einen feuchten Kehricht an.

Wenn sie Sie – was sie garantiert tun werden – fragen, warum Sie trinken, antworten Sie einfach: »Trinken macht mich glücklich. Wollt ihr mir wirklich das Wertvollste nehmen, was ein Mensch besitzen kann: ein kleines bisschen Glück? Ihr neidet mir meine Lebensfreude. Es frisst euch auf, dass ich mit der Sonne im Herzen durchs Leben gehe. Eure miesepetrigen Gesichter neiden mir mein seliges Lächeln.«

Den Schuh sollen sie sich erst mal anziehen.

Spinnen Sie ein Netz künstlerischer Ambitionen

Wenn Sie sich – wie jeder andere Säufer auch – vorstellen, eigentlich zur Malerei, Dichtung, Bildhauerei oder Dekonstruktion von Bierreklamen berufen zu sein, können Sie sich damit wirkungsvoll verteidigen. Lassen Sie die Maske der Gelassenheit für einen Moment fallen, pressen Sie eine entschlossene Leidenschaft in Ihre Stimme und klären Sie Ihre Widersacher auf: »Der Alkohol inspiriert meine Kreativität. Was, wenn Picassos so genannte Freunde ihn überredet hätten, dem Absinth zu entsagen? Sicher, er wäre vielleicht kein ganz so großes Arschloch mehr gewesen und hätte sich eine bessere Wohnung leisten können, aber würde uns nicht das strahlende Licht seiner göttlichen Kunst fehlen? Kunst, die an Millionen und Abermillionen Seelen gerührt hat! Würdet ihr all das wegwerfen, nur damit der arme Kerl morgens ohne Kater aufwacht? Wirklich? Dann seid ihr Feinde der Kunst! J'accuse! Ihr seid die unterdrückerischen Kerkerknechte der Kreativität!«

Und wenn sie sich höhnisch über die Vorstellung auslassen, dass Sie der nächste Picasso sein könnten, entgegnen Sie ihnen mit aller Schärfe: »Mit Freunden wie euch kann ich es sicher nicht werden!«

Gegenangriff

Nun, da Sie die wütende Attacke abgewehrt haben, wird es höchste Zeit, zum Gegenangriff überzugehen. Die Einzigen, die es wagen, Sie so ins Gebet zu nehmen, dürften Menschen sein, die Ihnen relativ nahestehen. Sie werden daher das ein oder andere über deren Gewohnheiten wissen. Sogar Mutter Teresa hat ein paar schlechte Angewohnheiten. Attackieren Sie diese Schwäche mit schneidiger, aber zutiefst beunruhigter Stimme. Ist einer von ihnen übergewichtig, weisen Sie ihn darauf hin, dass Fettleibigkeit schlecht für das Herz und die ständige Völlerei lebensbedrohlich ist. Raucht einer von ihnen, weisen Sie auf die Gefahren des Passivrauchens hin und fügen Sie hinzu, dass Sie Ihren Bourbon zumindest nicht anderen ungefragt in den Mund spucken. Rührt einer von ihnen grundsätzlich keinen Alkohol an, erläutern Sie ihm, wie ungesund Abstinenz ist, mindestens so ungesund wie Fresssucht. Fährt einer von ihnen einen SUV, machen Sie ihm in aller Deutlichkeit klar, dass er mit seiner selbstgefälligen Bequemlichkeit und seinem krankhaften Imponiergehabe rücksichtslos die Umwelt und die Zukunft seiner Kinder zerstört. Kifft einer von ihnen oder greift gar gelegentlich zu härteren Drogen, fragen Sie ihn, wie er dazu kommt, Ihre völlig legale Art der Stressbewältigung und Lebensverschönerung zu kritisieren. Gehen Sie ihn offensiv an: »Du wirkst so aufgekratzt, Ralf. Bist du sicher, dass du nicht erst mal einen durchziehen willst, um wieder runterzukommen? Ist es nicht wieder Zeit für deine Valium, Sarah? Und was machen deine Nasenscheidenwände, Tom? Musst du dein Koks jetzt rektal einführen?« Erheben Sie sich und fragen Sie, ob auch Sie das Recht haben, sie zur Aufgabe ihrer fragwürdigen Angewohnheiten zu nötigen.

Als kläglicher Versuch, sich zu verteidigen, werden die wahrscheinlich sagen, sie wünschten, sie würden Ihnen genug bedeuten, um Sie auf den Pfad der Tugend zurückzuführen, worauf Sie sofort antworten müssen: »Na, das hört man aber gern. Dann kommen wir am besten gleich zur Sache. Mit wem sollen wir anfangen? Mit dem autoaggressiven Fettsack? Dem Krebskandidaten, dem Junkie oder dem Umweltzerstörer? Hm?«

Völlig in die Defensive gedrängt, werden sie jetzt allenfalls noch stammeln, die Insgebetnahme hätte schließlich Ihnen helfen sollen und nicht ihnen selbst, was Ihnen Gelegenheit gibt, die Schraube eine Umdrehung fester zu drehen. »Warum sich mit dem Schwanz begnügen, wenn man die ganze Sau haben kann? Wir könnten alle versuchen, bessere Menschen zu werden. Nehmen wir uns unserer Probleme doch gleich hier und jetzt an. Wir schaffen das!«

Und das dürfte es dann gewesen sein. Das Letzte, was die selbstgerechten Pharisäer wollen, ist, einen Blick in den erbarmungslosen Spiegel ihres eigenen Versagens zu werfen. Die Insgebetnahme wird sich in eine klägliche Selbsthilfegruppe verwandeln. Nun sollten Sie alle auf einen Drink einladen.

Überlebensregeln für Trinker

Tollkühne Auswege aus gefährlichen Situationen

Wie man ein Treffen der Anonymen Alkoholiker übersteht

1. Vermeiden Sie Blickkontakt

Wenn sich der Blickkontakt nicht umgehen lässt, vermeiden Sie, dass Ihre Augen in Richtung des Flachmanns in Ihrer Brusttasche abschweifen. Es sind immer die Augen, die einen verraten.

2. Lassen Sie sich nicht Ihren Willen brechen

Wenn man Sie auffordert, sich zu erheben und zuzugeben, dass Sie Alkoholiker sind, sollten Sie »Ich bin Agoraholiker« murmeln. Werden Sie bei Ihrem Täuschungsmanöver erwischt, schreien Sie auf und stürzen Sie nach draußen, um zu beweisen, dass Sie tatsächlich süchtig nach weiten Räumen sind.

3. Geben Sie nicht mit Ihren Säufergeschichten an

Wenn Sie sich schon bei der Geschichte ertappen, wie Sie einmal eine Flasche Tequila geleert haben, während vier nackte Nutten Sie mit dem Kopf nach unten baumeln ließen, sollten Sie die Geschichte wenigstens mit dem Satz »Mann, das war vielleicht blöd« beenden.

4. Machen Sie während der tränenerfüllten Bekenntnisse der anderen Mitglieder keine Lippenfürze

Denken Sie immer daran, dass Teile der Gesellschaft das Trinken eines Sixpacks als »Zechorgie« ansehen.

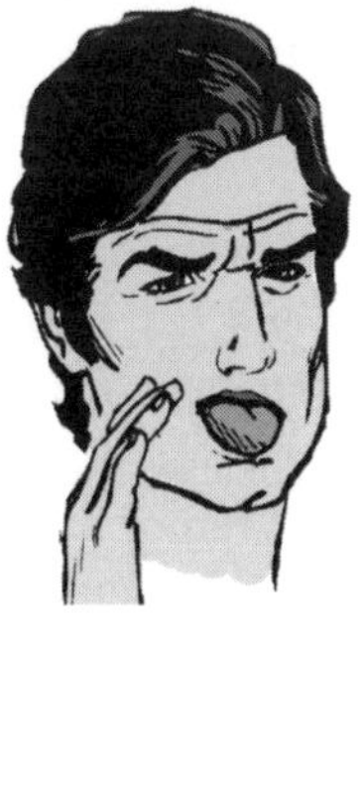

5. Vermeiden Sie, sich am Ende der Sitzung in den Gebetskreis ziehen zu lassen

Das kann zu Umarmungen führen. Tun Sie kund, dass Sie einer Animistensekte angehören, und bellen Sie laut auf, wenn jemand versucht Ihre Hand zu halten.

Wie man einen religiösen Eiferer abwehrt

1. Lächeln Sie nachsichtig, wenn er sich negativ über Alkohol äußert

Eine verärgerte Reaktion würde ihn in seiner Selbstgerechtigkeit bestärken. Sie sollten ihn anlächeln, wie unsere G. I.-Ahnen Franzosen angelächelt haben, die von ihren Heldentaten im Krieg erzählten.

2. Erinnern Sie ihn an die zahlreichen Stellen in der Bibel, die positiv auf Alkohol Bezug nehmen

Sagen Sie: »Jesus verwandelte Wasser in Wein, und Sie wollen das Gegenteil tun? Logisch gedacht heißt das, Sie sind der …« Halten Sie inne und tun Sie so, als würden Sie konzentriert nachdenken.

3. Machen Sie ihm den Garaus

Rufen Sie laut: »… der verdammte Antichrist!« Weichen Sie zurück und machen Sie mit den Zeigefingern ein Kreuz.

Wie man nach der Sperrstunde auf einen Drink eingeladen wird

1. Lassen Sie sachte Ihre Bedürfnisse durchblicken

Klatschen Sie sich alle fünf Minuten laut lachend auf die Schenkel: »Verdammt, ich schätze, dieser Laden wird noch lustiger, wenn wir erst die Flachwichser und Vollidioten rausgeschmissen haben.«

2. Helfen Sie beim Aufräumen

Sobald der Ruf »Letzte Runde« erschallt, schnappen Sie sich einen Lappen und fangen an die Tische abzuwischen. Machen Sie es aber halbherzig und nachlässig, sonst steht die Kellnerin am Ende schlecht da.

3. Ignorieren Sie das Offensichtliche

Wenn der Barkeeper Sie direkt anschaut und ruft: »Alle raus jetzt! Und wenn ich ›alle‹ sage, meine ich alle, Frank«, sollten Sie einen hastigen und überraschten Blick über die Schulter werfen, als würde direkt hinter Ihnen ein weiterer Frank stehen. Da dies nicht der Fall sein wird, sollten Sie sich langsam aufs Klo schleichen.

4. Machen Sie ihnen falsche Hoffnungen
Wenn man Sie auf dem Klo entdeckt, tun Sie so, als riefen Sie ein Taxi. Beenden Sie das Gespräch mit der Zentrale unbedingt mit den Worten: »Ich warte drinnen, weil ich unter Agoraphobie leide.«

Wie man einen Rausschmiss überlebt

1. Versuchen Sie sich aus freien Stücken zu entfernen
Heben Sie die Hände in der universellen Alles-cool-Geste und verkünden Sie, dass in der Tat »alles cool« ist. Üblicherweise zeigt der Rausschmeißer wortlos auf die Tür, und das sollte für Sie das Signal sein, sich würdevoll, vielleicht sogar mit einem höhnischen Lächeln, zu entfernen.

2. Überlassen Sie dem Rausschmeißer Ihren Drink
Alles andere wäre fahrlässig, möglicherweise gefährlich.

3. Leisten Sie keinen Widerstand
Sollte man Ihren Abgang mit physischen Mitteln beschleunigen, entspannen Sie sich und lassen Sie sich vom Rausschmeißer wie einen Kinderwagen zur Tür schieben. Auch wenn sich dagegenstemmen, nach einer Waffe greifen oder noch schnell einen Drink schnappen zunächst wie verlockende Ideen klingen, sollten Sie es sein lassen. Es wird lediglich dazu führen, dass er Sie nach draußen schiebt wie einen schrottreifen Kinderwagen mit festgefressenen Bremsen.

4. Versuchen Sie nicht dem Schwitzkasten zu entkommen
Je mehr Sie sich winden, desto stärker drückt er zu.

5. Bereiten Sie eine glatte Landung vor
Wenn man Sie schwungvoll vor die Tür setzt, entspannen, Hände vors Gesicht und abrollen. Wenn Sie wollen, können Sie beim Aufprall schreien: »Ah! Ihr habt mir das Kreuz gebrochen! Ich bin gelähmt! Ich kann mich nicht mehr bewegen!« Die werden Sie trotzdem nicht wieder reinlassen.

6. Entfernen Sie sich
Unterlassen Sie obszöne Gesten oder die kühne Aufforderung an den Rausschmeißer, mit Ihnen rauszugehen – er könnte tatsächlich mit Ihnen rausgehen.

Wie man ein Hausverbot rückgängig macht

1. Rufen Sie an, ehe Sie sich wieder blicken lassen
Ihre physische Erscheinung wird nur die Erinnerungen an die schlimmen Dinge zurückbringen, die Sie verbrochen haben. Ihre Stimme dagegen wird nur die Erinnerung an die schlimmen Dinge zurückbringen, die Sie gesagt haben. Und Worte sind weniger verletzend und zerstörerisch als physische Dinge wie fliegende Fäuste und loderndes Feuer.

2. Entschuldigen Sie sich, auch wenn Sie sich im Recht wähnen
Barkeeper haben lediglich eine begrenzte Fähigkeit, komplexe Sachverhalte zu verstehen, deshalb wird man Ihnen nicht glauben, dass es ein Muskelkrampf war, der Sie nach der Whiskyflasche hinter der Bar greifen und sie dem Türsteher über den Schädel ziehen ließ, so dass sie barst, worauf ein weiterer Krampf Sie Ihr Feuerzeug anzünden ließ und ihm der halbe Kopf versengt wurde.

3. Bieten Sie an, für den Schaden zu zahlen
Wenn Sie einen Tisch zerschlagen haben, sollten Sie anbieten, für den Schaden aufzukommen. Wenn man Sie nach einiger Zeit zur Rede stellt und fragt, wann Sie den Tisch denn bezahlen wollen, lächeln Sie einfach geheimnisvoll und antworten: »Bald, mein Freund, schon bald.«

4. Nachdem man Sie wieder reingelassen hat, sollten Sie vermeiden, sofort denselben Mist abzuziehen
Ziehen Sie stattdessen einen anderen Mist ab. Dadurch gerät der ursprüngliche Mist in Vergessenheit, andernfalls denken die: »Wenn ich mich recht erinnere, ist das jetzt das zweite Mal, das der Typ exakt denselben Mist abzieht.«

Wie man den Weg nach Hause findet

1. Rufen Sie kein Taxi

Bis das Taxi da ist, dauert es mindestens fünfzehn Minuten, und jeder Idiot weiß, dass man die fünf Meilen nach Hause in deutlich weniger Zeit schafft, zumal wenn man die Abkürzung durchs zwielichtige Gewerbegebiet nimmt.

2. Orientieren Sie sich an berühmten Wahrzeichen

Sollten Sie keines sehen, tun es auch Handymasten und Blaulichter.

3. Nie zugeben, dass Sie sich verlaufen haben

Wenn Sie wieder an der Bar vorbeikommen, die Sie vor fünfzehn Minuten verlassen haben, winken Sie der Menge vor der Tür zu und fragen beiläufig: »Is' schon wieder auf? Nein? Cool!«

4. Wenn Sie auf ein Haus stoßen, das aussieht wie Ihres, versuchen Sie hineinzugelangen

Sollte aus irgendeinem Grund der Schlüssel nicht passen, können Sie ruhig mit aller Gewalt gegen die Tür donnern, denn wenn daraufhin die Bullen aufkreuzen, werden die Sie gern mitnehmen.

5. Gehen Sie zügig und zielstrebig

Langsames Herumschlendern wird Gesetzeshüter und Strauchdiebe anlocken. Deshalb sollten Sie in konzentrischen Kreisen marschieren, denn nach den unfehlbaren Gesetzen der Geometrie werden Sie irgendwann nüchtern genug sein, um ein Taxi zu rufen.

Wie man einen trockenen Alkoholiker kuriert

1. Verstecken Sie Alkohol in seiner Wohnung

Besonders die niedlichen Fläschchen aus dem Flugzeug sind so süß und klein, dass sie praktisch unwiderstehlich sind.

2. Flechten Sie positive Aussagen über Alkohol in Ihre Gespräche ein

Sagen Sie anstatt der einfachen Begrüßungsformel »Wie geht's?« in etwa: »Wie schaffst du es nur, ohne deine besten Freunde Jim und Jack diese Scheiße durchzustehen, die sich modernes Leben nennt?«

3. Wenn alles nichts hilft, drastische Maßnahmen ergreifen
Fesseln Sie ihn an einen Stuhl (lassen Sie eine Hand zum Trinken frei) und bauen Sie ein Glas Milch und ein Glas Bier vor ihm auf. Jedes Mal, wenn er nach der Milch greift, schlagen Sie ihm mit einer zusammengerollten Zeitung kräftig auf die Nase und sagen streng: »Pfui! Pfui!«

Wie man mit Ausländern trinkt

1. Seien Sie stolz auf Ihr Land, aber nicht chauvinistisch
Wenn Sie jeden Satz mit den Worten »Damals, in den glorreichen Zeiten der U. S. of A. (des Deutschen Reiches, der Grande Nation, des Empire)« beginnen, werden Ihre Gastgeber Sie für ein nationalistisches Arschloch halten, das keine Ahnung von ihrer Kultur hat. Deshalb sollten Sie jeden Satz in etwa so beginnen: »Ich weiß durchaus, dass ihr eure eigenen, etwas komischen Methoden habt, eure Angelegenheiten zu bewältigen, aber …«

2. Beachten Sie die lokalen Trinkgewohnheiten
Die Belgier zum Beispiel machen beim Fußball gerne ein paar Fläschchen Wein alle. Die Engländer hingegen machen beim Fußball gerne eine paar Belgier alle. In Wales wiederum bezeichnet man einen schwer betrunkenen Gesellen als »gepeitscht«, was in Saudi-Arabien leicht dazu führen kann, dass man tatsächlich »gepeitscht« wird.

3. Bars sind ein guter Ort, um die regionale Kultur kennenzulernen
Besuchen Sie von mir aus so viele Kirchen, Sehenswürdigkeiten und Museen, wie Sie wollen, aber um die wahre Natur, die wahre Seele eines Landes einzusaugen, müssen Sie einige Abende in den schlichten Tavernen, Bars und Kneipen verbringen. Dort finden Sie übrigens auch die Prostituierten.

4. Vergessen Sie nie, dass Sie inoffizieller Botschafter Ihres Landes sind
Die offiziellen Botschafter halten jede Menge wirrer und hochnäsiger Reden; und das sollten Sie ebenfalls tun.

Wie man einen ohnmächtigen Freund trägt

1. Vergewissern Sie sich, dass er tatsächlich bewusstlos ist
Packen Sie ihn sanft im Genick, drehen Sie seinen Kopf leicht zur Seite und brüllen Sie ihm mehrmals «Aufwachen, du Arschloch!« ins Ohr.

2. Erleichtern Sie die Last
Sollte sich Geld in seinen Taschen befinden, vergewissern Sie sich, dass Sie alles entnommen haben, denn mit Geld kann man Bier kaufen, und das kann ganz schön schwer sein, deshalb sollten Sie es vorher trinken, da es sich im Magen wesentlich besser transportieren lässt.

3. Benutzen Sie Ihren Kopf, nicht Ihr Kreuz
Wenn Sie die Last deutlich erleichtert haben, nehmen Sie die Kellnerin zärtlich, aber bestimmt in den Arm und bitten Sie sie, Ihren Freund auf dem Heimweg zu Hause abzusetzen.

Wie man ein Bier auf Mexikanisch trinkt

1. Nehmen Sie einen spitzen Gegenstand und bohren Sie etwa einen Zentimeter vom unteren Rand ein Loch in eine verschlossene Bierdose
Vergewissern Sie sich, dass die Büchse vorher nicht geschüttelt wurde, denn das würde den »Walfontänen-Effekt« bewirken, und der ist nur lustig, wenn er jemand anderem zustößt.

2. Schließen Sie Ihren Mund um das Loch und halten Sie die Dose senkrecht
Vergewissern Sie sich, dass Ihre Lippen das Loch hermetisch umschließen, und legen Sie Ihren Finger an die Aufreißlasche.

3. Reißen Sie die Lasche auf und lassen Sie das Bier gleichmäßig in Ihre Nebenhöhlen strömen
Wenn Ihnen das Bier aus der Nase herausschießt, sollten Sie darauf

achten, dass Sie auf etwas Saugfähiges zielen, wie den Kaschmir-Pulli oder die Nerzstola Ihrer Begleitung.

Wie man einen Mordskater überlebt

1. Weisen Sie alle Schuldgefühle zurück
Falls jemand in der Nähe ist, fragen Sie, warum sie Sie so viel haben trinken lassen.

2. Betreiben Sie Frühgymnastik
Hauen Sie mit dem Zeigefinger entschlossen in die Tasten Ihres Telefons und melden Sie sich krank. Dann kriechen Sie einmal durch Ihre Wohnung, suchen Ihre Brieftasche und Ihre Schlüssel.

3. Warten Sie ab
Wenn die Happy Hour sich ihrem Ende zuneigt, wird Ihr Kater verflogen sein, weil Sie wieder betrunken sind.

Wie man einen Deckel anzweifelt

1. Seien Sie zunächst fröhlich und dann plötzlich niedergeschlagen
Lassen Sie, sobald Sie die letzte Zeile erreichen, Ihre Augen hervorquellen wie eine Comicfigur und springen Sie wie von der Tarantel gestochen auf.

2. Bitten Sie Ihre Freunde um Beistand
Zeigen Sie den Bon Ihren Freunden, als wäre es ein Gewinnerlos, das sich auf mysteriöse Weise in einen Zettel verwandelt hat, auf dem obszöne Sprüche über Ihre Mutter stehen.

3. Informieren Sie den Barkeeper, dass die Rechnung nicht korrekt ist
Strecken Sie dem Barkeeper Ihr Hinterteil entgegen (gerne auch mit heruntergelassener Hose) und sagen Sie: »Wenn Sie mich schon ficken, warum bringen Sie den Job dann nicht zu Ende?« Versuchen Sie dabei nicht auf die Schnauze zu fliegen, denn das würde Ihre Glaubwürdigkeit unterminieren.

4. Verlangen Sie nach dem Geschäftsführer

Aber wundern Sie sich nicht, wenn der Geschäftsführer so aussieht wie der Typ, der Ihnen Ihre Drinks ausgeschenkt hat. Sagen Sie einfach: »Sehen Sie, das Hauptproblem ist, dass hier ›Wodka‹ falsch geschrieben ist. Das hat mich ein bisschen aus der Fassung gebracht, weil ich Verwandte in Polen habe.«

Traumberufe für Trinker

Journalist: Alkohol ist bei der Kommunikation mit Fremden und der Erfindung abstruser Geschichten besonders hilfreich. Das erklärt, warum er von Journalisten so geschätzt wird. Wenn die Redaktionsstuben auch nicht mehr die uneinnehmbare Bastion unverbesserlicher Schluckspechte sind, ist der Schnaps dennoch nach wie vor ein unverzichtbares Requisit dieses Berufszweigs. Europäische Redakteure und Reporter sind im Umgang mit ihrem Laster immer noch bemerkenswert locker und sprechen darüber auch mit schockierender Offenheit. Ihre Yankee-Kollegen hingegen lügen zumeist unverfroren. Fast alle amerikanischen Journalisten, die ich kenne, würden versuchen, sich wortreich aus der Affäre zu ziehen, und allenfalls anmerken, dass der Stoff ihnen nichts bedeutet. Allerdings habe ich genug von diesen Zeitgenossen später in Bars wiedergetroffen, um festzustellen, dass fast alle extrem clevere oder extrem weggetretene Lügner sind.

Clown: Ich habe noch keinen getroffen, der kein Schluckspecht war. Und wer wollte den Stab über ihnen brechen? Würde auch nur einer von uns eine Horde kreischender Bälger unterhalten wollen, ohne sich zuvor mit einem kleinen Schluck aus dem Klammergriff der Nüchternheit zu befreien?

Handelsvertreter: Früher, als Handelsvertreter noch als halbseidene, auf dem ordentlichen Arbeitsmarkt praktisch unvermittelbare Gauner galten, die sich in der Grauzone der Legalität bewegten, bestand die ganze Gilde fast ausschließlich aus hoffnungslosen Säufern. In letzter Zeit allerdings hat dieser Berufsstand auf unerklärliche Weise ein gewisses Ansehen erworben, was einige neue Vorschriften bezüglich des Konsums von Alkohol mit sich brachte. Was allerdings nicht heißt, dass diese Vorschriften auch befolgt werden.

Vorstandsvorsitzender: Die besten Trinkerberufe sind die, die kaum der Kontrolle unterliegen und in denen man keine nachvollziehbaren Ergebnisse liefern muss. Weshalb die Position des Vorstandsvorsitzenden eine der letzten Zitadellen der modernen Schnapsnase ist. Einer Studie zufolge nimmt die Wahrscheinlichkeit, während der Arbeit Alkohol zu konsumieren, mit steigender Position zu: Schätzungen besagen, 23 Prozent aller Manager trinken während der Arbeitszeit, hingegen nur 11 Prozent aller Angestellten und 8 Prozent der Arbeiter. Jeder Vorstandsvorsitzende und auch jeder Offizier, für den ich je gearbeitet habe (mit Ausnahme eines überforderten Mormonen, der jeden Monat einen Nervenzusammenbruch erlitt), war offensichtlich, oder zumindest Gerüchten zufolge, ein harter Trinker. Warum auch nicht? Dieses ständige Herumsitzen ohne große Aufgabe kann enorm durstig machen.

Polizist: Schätzungsweise fünfundzwanzig Prozent aller Polizisten sind Alkoholiker. Warum? Stress, Überstunden, Bunkermentalität und die Tatsache, dass sie nicht befürchten müssen, wegen Trunkenheit am Steuer verhaftet zu werden.

Gastronom: Darunter fassen wir hier Köche, Küchenchefs, Barkeeper, DJs, Kellner, Rausschmeißer, Stripperinnen und solche, die ihnen assistieren oder Befehle erteilen. Es ist so gut wie unmöglich, in dieser von Alkohol geschwängerten Atmosphäre zu arbeiten, ohne zu trinken. Tatsächlich sollte man jeden, der nicht trinkt, mit allergrößtem Misstrauen beäugen. Wenn sie schon das Gut, das sie ernährt, so geringschätzen, werden sie auch von Ihnen keine hohe Meinung haben.

Nachtschichtler: Die Nachtschicht ist der natürliche Lebensraum des Alkoholikers. Sie zieht die Nachteulen an (und wir wissen alle, was für ein Menschenschlag das ist), es existiert wenig bis keine Kontrolle von Vorgesetzten (und wenn doch, ist die Wahrscheinlichkeit groß, dass der Boss ebenfalls säuft), und diese endlosen, furchtbaren, widernatürlichen Stunden treiben sogar Priester an die Flasche.

Universitätsprofessor: Sie trinken aus denselben Gründen wie die Clowns. Der einzige Unterschied ist, dass sie durch das Beamtenrecht geschützt sind und ihre kreischenden Bälger älter, wenn auch nicht unbedingt gebildeter sind.

Bauarbeiter: Trotz der Berufsrisiken ertappen todesmutige Investigativreporter diese Männer regelmäßig dabei, wie sie sich in der Frühstückspause die Kante geben, um sich hernach wieder fröhlich pfeifend an die Schalthebel ihrer tonnenschweren Bagger und Kräne zu setzen. Wenn Sie nach einem Denkmal für das Trinken während der Arbeit suchen, brauchen Sie nur aus dem Fenster zu schauen und die Skyline Ihrer Stadt zu bewundern.

Rechtsanwalt: Rechtsanwälte werden Ihnen erzählen, sie tränken, weil sie sich mit den schlimmsten Problemen und Krisen Dritter herumschlagen müssen. Manche sagen ihnen aber auch nach, sie tränken, weil sie mit dem Teufel im Bund seien und damit auf natürliche Weise auch mit Teufel Alkohol. Ich behaupte mal, die meisten sind Erste-Klasse-Trinker und lassen sich beim Trinkgeld garantiert nicht lumpen.

Sie können zu den genannten Berufen jeden anderen dazugesellen, der viel Stress, prahlerisches Macho-Gehabe, wahre Kameradschaft und Arbeit zu später Stunde beinhaltet.

6
Die Geschichte des Alkohols

- Die Geschichte der Menschheit und ihres treuesten Begleiters
- Als Trinker noch die Welt regierten

Die Geschichte der Menschheit und ihres treuesten Begleiters

4000000 v. Chr. Affenmenschen in China vergrößern sprunghaft das Gehirnvolumen (ausreichend, um Kneipendeckel berechnen zu können), entwickeln räumliches Sehen (die Voraussetzung zum Doppeltsehen) und prägen den Daumen aus (unabdingbar zum Greifen eines Trinkgefässes). Damit verfügen unsere Urahnen über die physischen Voraussetzungen, wenn auch noch nicht über den Schnaps, um wilde Partys zu feiern.

130000 v. Chr. Der Neandertaler stellt fest, dass das Auslutschen fauliger Früchte die führenden Extremsportarten der damaligen Zeit noch um einiges vergnüglicher macht. Dabei handelt es sich um das Aufspießen zotteliger Mammuts sowie das Davonrennen vor verwundeten und wütenden zotteligen Mammuts. Der ekelerregende Geschmack und die Gefahr einer Lebensmittelvergiftung machen das Ganze nur noch spannender und führen zu Grunzwettbewerben wie »Der Tag kommt und Johnny Mammut geht«.

12000 v. Chr. Die Sumerer erfinden das Bier, was zur Folge hat, dass sie von zahllosen Nachbarstämmen heimgesucht werden.

4000 v. Chr. Das älteste Rezept der Welt – eine Anleitung zur Herstellung von Bier – wird auf einer Lehmtafel festgehalten. Als Teil eines epischen Gedichts, das der sumerischen Biergöttin Ninkasi gewidmet ist, erinnert dies an die Zeiten, als die Iraker noch Bier tranken und cool waren.

3000 v. Chr. Entstehung des Gilgamesch-Epos, des wahrscheinlich ältesten in Stein gehauenen Epos der Welt. Enkidu, ein verwahrloster, zotteliger und ungehobelter Bursche, lässt Gilgamesch, einen lokalen Halbgott, abblitzen. Um nichts unversucht zu lassen, setzt Gilgamesch eine Hure auf Endiku an, die seine Stärken und Schwächen herausfinden soll. Die Dirne verabreicht Endiku ein halbes Dutzend Biere, und »in diesem Zustand wusch er sich und wurde ein menschliches Wesen«. Damit war bewiesen, dass auch der wildeste Bursche mit einem Sixpack und einer Prostituierten zivilisiert werden kann.

2800 v. Chr. Ein isoliert lebender, aber cleverer Stamm an der schottischen Küste vergärt unter anderem Schierling, Tollkirsche und Kuhfladen zu einem halluzinogenen Gebräu. Zweifellos wurde hier völlig ironiefrei der Satz geprägt: »Dieses Bier schmeckt wie Scheiße.«

2600 v. Chr. Den Sklaven, die die ägyptischen Pyramiden errichten, werden Bierrationen zugeteilt. Die Debatten an der Kühltheke reichen von harscher Kritik (»Dieser Cheops, dieser Obermacker mit der Peitsche, ist ein rechtes Arschloch«) bis zu wilden Spekulationen (»Ich hab gehört, wir bauen dieses Scheißteil, weil so eine reiche Schwuchtel sich für die Nachwelt verewigen möchte«).

1810 v. Chr. In Mesopotamien entdecken die Alchimisten von König Zimrilim das Geheimnis der Destillation. Aus unerklärlichen Gründen verwenden sie ihre Erfindung statt zur Massenproduktion von »Narm-Sins Black Label« zur Herstellung von Parfum.

1790 v. Chr. Die Mode, Reis, Kastanien und Hirse zu zerkauen, in einen Topf zu spucken und vergären zu lassen, überschwemmt China. Konfuzius sollte später witzeln: »Der Mann mit dem großen Mund soll Bier machen, nicht große Sprüche.«

1700 v. Chr. Der babylonische König Hammurabi erlässt das erste Gesetz zum Schutz der Trinker. Wer zum Beispiel wässriges Bier braut, soll im eigenen Gebräu ersäuft werden.

1500 v. Chr. Die Griechen denken sich die ersten Saufspiele aus, wie etwa »Lass das phallusförmige Weingefäß verschwinden«, »Verstecken und Rausch ausschlafen« sowie »Dionysos zwang mich, mit deinen fünf Frauen zu schlafen«.

1100 v. Chr. In dem finnischen Epos Kalevala handeln zweihundert Verse von der Erschaffung der Erde, vierhundert vom Brauen von Bier.

1050 v. Chr. Die Römer lernen von den Phöniziern das Geheimnis des Weinynbaus und ergänzen das Grundrezept um diverse Geschmacksvariationen, die unter anderem Seewasser, Essig, Harz und Terpentin enthalten. Sie legen damit den Grundstein einer Tradition, die noch heute in Marken wie Thunderbird oder Kellergeister fortlebt.

1000 v. Chr. Bei den Wikingern kommt die Mode auf, die Schädel ihrer Feinde als Trinkhumpen zu benutzen, was entlang der europäischen Küste bald zu dem geflügelten Wort führt: »Pass besser auf, Fettbacke, sonst sag ich den Nordmännern, wo du wohnst.«

323 v. Chr. Alexander der Große säuft sich während seiner Ich-habe-soeben-der-ganzen-Welt-in-den-Arsch-getreten-Mega-Monsterparty zu seinem dreiunddreißigsten Geburtstag zu Tode.

30 n. Chr. Indem er Wasser in Wein verwandelt, vollbringt Jesus sein erstes Wunder und bewahrt die Hochzeit von Kana davor, zu einer stinklangweiligen Veranstaltung zu degenerieren. Postwendend verdoppelt sich seine Anhängerschaft.

98 n. Chr. Der erste Weinsnob hebt sein hässliches Haupt. Tacitus, der römische Schreiberling, notiert: »Die Teutonen haben einen schrecklichen Trank, den sie aus Gerste oder Weizen fermentieren, einen Trank, der sehr weit von unseren ausgezeichneten Weinen entfernt ist.«

100 n. Chr. Die Frühchristen integrieren den Weingenuss in ihre religiösen Zeremonien. Später wird die katholische Kirche diese Happenings als »Messe« ritualisieren und »die Religion, die umsonst Wein ausschenkt«, verbreitet sich wie ein Flächenbrand.

200 n. Chr. Die Azteken fermentieren Kaktus zu Pulque, wodurch sich die Zuschauerzahlen beim traditionellen Kick-den-abgeschlagenen-Kopf-des-Feindes-durch-die-Pfosten-Spiel verdoppeln und erste Fälle von Hooliganismus auftreten. Des Weiteren entwickeln sie die »Kaninchenskala«, um den Grad der Alkoholisierung zu bestimmen. Das Spektrum reicht von leichtem Dusel (zwei Kaninchen) bis zum Vollsuff (vierhundert Kaninchen). Die Redewendung »sich pulquieren wie vierhundert Rammler« bürgert sich ein.

476 n. Chr. Auf einem ausgelassenen Ausflug nach Italien verwüsten germanische Barbaren Rom und läuten damit das finstere Mittelalter ein. Später behaupten die von Schuldgefühlen geplagten Barbaren, sie hätten doch nur spielen wollen.

500 n. Chr. Da Bier nicht als Speise gilt und deshalb während der Fastenzeit genossen werden darf, nimmt die Zahl der Klöster, die sich in der Kunst des Bierbrauens üben, explosionsartig zu. Auf Pergamentrollen dieser Zeit finden sich Sätze wie »Mann, Gott, Alter, du bist so cool!«.

600 n. Chr. Mönche, die den Nahen Osten bereist haben und dort in die Geheimnisse der Parfumherstellung eingeweiht wurden, erfinden nach ihrer Rückkehr nach Irland eine frühe Form des Whiskys. In der richtigen Erkenntnis, dass es besser ist, gut drauf zu sein, als gut zu riechen, wenden sie das Parfumrezept auf fermentierte Gerste an und prägen den Begriff »stinkbesoffen«.

625 n. Chr. Ohne auch nur den Ansatz einer empirischen Grundlage, geschweige denn eines Beweises, erklärt Mohammed den Alkohol zum Teufelszeug. Die irritierten Europäer fragen sich verwundert, »was die Muselmanen nun wohl anstellen, um ein bisschen Spaß zu haben«.

711 n. Chr. Die Muselmanen fallen in Europa ein.

732 n. Chr. Der aufgebrachte Weinliebhaber Karl Martell zeigt den maurischen Abstinenzlern bei der Schlacht von Tours und Poitiers, wo Bartl den Most holt, und rettet Europa vor den Schrecken der Prohibition.

1150 n. Chr. Unter dem Einfluss von Reisschnaps ernennt sich der kambodschanische Herrscher Suryavarman II. zum Gottkönig und lässt sich in Angkor eine gewaltige private Kneipe errichten.

1250 n. Chr. Der franziskanische Theologe und Philosoph Raimundus Lullus erklärt Alkohol zur »ultima consolatio corporis humani« (zum höchsten Trost des menschlichen Körpers). Seine Nachfahren von heute antworten: »E anche ti fa ubriaco« (und es macht dich auch besoffen).

1405 n. Chr. Die Slawen erfinden den Wodka. Der Streit, ob Polen oder Russen die Erfinder des Wässerchens waren, hat jahrhundertelange Animositäten der beiden Völker zur Folge, die nicht selten in kriegerische Auseinandersetzungen ausarten.

1494 n. Chr. Als der Mönch Bruder John Corr genug Malz in die Finger bekommt, um tausend Flaschen des hochprozentigen Stoffs zu destillieren, kommt erstmals ordentlicher Scotch auf den Markt. Er wird in Schottland als Arznei gegen eine ganze Reihe von Leiden vermarktet, wie etwa Grippe, Nüchternheit, Durst und Attacken aus England.

1500 n. Chr. Da sie nur wenig vom lokalen Gebräu halten, destillieren die spanischen Conquistadoren Mexikos den Pulque der Azteken und kommen so zu Mezkalwein. Von da war es nur noch ein kleiner Schritt zu Tequila und langen Vorstrafenregistern.

1516 n. Chr. Die Deutschen erlassen das Reinheitsgebot, das bestimmt, dass Bier einzig aus Gerste, Hopfen, Hefe und Wasser gebraut werden darf. Daraufhin fliehen die Familien Anheuser und Busch aus Deutschland und gründen in den USA die erste Bud-Fabrik.

1530 n. Chr. Theophrastus Aureolus Bombastus von Hohenheim prägt das Wort »Alkohol«, das er vom arabischen »al-kuhl« (das Beste, das Feinste) herleitet. Das neue Wort ersetzt schnell den bis dahin gebräuchlichen, aber memmenhaften Begriff »spiritus vini«.

1620 n. Chr. Da ihnen die Vorräte ausgehen, gehen die Pilgerväter mit der Mayflower bei Plymouth Rock vor Anker. Schockiert stellen sie fest, dass die Eingeborenen erwartet haben, dass sie ein Fässchen mitbringen.

1650 n. Chr. Der holländische Arzt Dr. Franciscus Sylvius setzt dem aus Getreide destillierten Alkohol Holunderbeeren zu und erfindet so den Gin. Der Doktor insistiert, dass das Getränk lediglich medizinischen Zwecken diene, und verschreibt es bei kalten Füßen, Schlaflosigkeit und Kopfschmerzen, die durch den übermäßigen Genuss der Medizin hervorgerufen werden.

1689 n. Chr. Der Holländer Wilhelm von Oranien besteigt den englischen Thron. Er legt sich den schicken Namen König Wilhelm III. zu und setzt sein neues Volk auf eine strenge Gin-Diät. Innerhalb nur einer Generation verwandeln sich die Engländer von einer Horde Bier saufender Barbaren in eine Horde Gin saufender Barbaren.

1690 n. Chr. Der blinde Benediktinermönch Dom Pérignon versaut eine Ladung Wein und erfindet so den Champagner. Er versucht seine Schlamperei zu vertuschen und erklärt seinen herbeigerufenen Brüdern: »Ich trinke schäumenden Wein. Genauso habe ich es mir vorgestellt. Kapiert ihr das nicht? Die Promis werden ein Vermögen für diese Plörre hinblättern!«

Jefferson, kurz nachdem ihm der Satz »Jeden Abend soll es Freibier geben« eingefallen ist.

1776 n. Chr. Thomas Jefferson verfasst in einer Spelunke in Philadelphia den ersten Entwurf der Unabhängigkeitserklärung. Aus der im nüchternen Zustand revidierten Endfassung werden folgende Passagen getilgt: »Fixere Bedienung durch die lahmarschigen Barfrauen« sowie »Ich denke, es versteht sich von selbst, dass, wenn ein paar Burschen eine Party verlassen und sich irgendwo anders hinbegeben, um ihre eigene Party zu feiern, die Burschen von der ersten Party nicht das Recht haben, nachzukommen und den anderen das Bier wegzutrinken«.

1787 n. Chr. Nachdem sie sich auf einen Entwurf der US-Verfassung geeinigt haben, feiern die fünfundfünfzig Unterzeichner eine ausgelassene Party und verputzten vierundfünfzig Flaschen Madeira, sechzig Flaschen Bordeaux, acht Flaschen Whisky, zweiundzwanzig Flaschen Portwein, acht Flaschen Apfelwein, zwölf Bier und sieben Schüsseln Punsch, die so groß sind, dass »eine Ente darin schwimmen kann«. Bei diesem Anlass kommt es zur ersten verbürgten Inszenierung von Ben Franklins beliebter Halt-doch-mal-für-'ne-Sekunde-meine-Drachenschnur-fest-Veräppelungsnummer.

1789 n. Chr. Zweifellos vom Allmächtigen inspiriert, erfindet der Baptistenpfarrer Elijah Craig in Georgetown, Kentucky, den Bourbon.

1792 n. Chr. Dr. Pierre Ordinaire erfindet in der Schweiz den Absinth. Wie nicht anders zu erwarten, deklariert er seine Erfindung zur gesunden Medizin und jede daraus resultierende Wahnvorstellung für puren Zufall.

1801 n. Chr. Während seiner Amtszeit als Präsident lässt Thomas Jefferson eine Weinrechnung von 10.835 Dollar (103.000 US-$ heutiger Kaufkraft) auflaufen. Feierlich gelobt er der Nation: »Nächste Woche zahle ich es zurück.«

1806 n. Chr. In dem amerikanischen Magazin *The Balance* taucht zum ersten Mal das Wort »Cocktail« auf. Schnell ersetzt es den Begriff »gestreckter Fusel« und die bis dahin verhassten »Sechzig furchtbaren Minuten mit gestrecktem Fusel« werden durch die beliebtere Cocktailstunde ersetzt.

1810 n. Chr. Die Hochzeitsfeier des künftigen Bayernkönigs Ludwig I. entwickelt sich zu einem solch berauschenden Gelage, dass daraus das Oktoberfest entsteht.

1814 n. Chr. Eine bunt zusammengewürfelte Horde von Säufern besiegt unter der Führung des Säufers (und späteren Präsidenten) Andrew Jackson in der Schlacht von New Orleans die zahlenmäßig überlegenen, aber erbärmlich nüchternen Engländer. Bald ist die Stadt für ihre toleranten Alkoholverordnungen und schmucken Radierungen von Bordellszenen berühmt.

1815 n. Chr. Am Vorabend der Schlacht von Waterloo erklärt Napoleon: »Wenn ich gewinne, trinke ich Champagner, um zu feiern. (…) Wenn ich verliere, trinke ich Champagner, um Trost zu finden. Egal wie es also morgen ausgeht, ich werde mich volllaufen lassen.«

1825 n. Chr. In Indien wird von britischen Offizieren der Gin Tonic erfunden, indem sie ihrer Malariaprophylaxe, chininhaltigem Tonic Water, Gin hinzufügen. Um auf hoher See dem Skorbut vorzubeugen, wird später auch noch eine Zitronenscheibe beigegeben. Ein gutes Jahrhundert später konstatiert Churchill: »Gin und Tonic haben mehr Engländern das Leben und auch den Verstand gerettet als alle Ärzte des Empire zusammen.«

1850 n. Chr. Hundert Jahre nach dem Korken wird endlich der Korkenzieher erfunden. Nicht gerade ein Ruhmesblatt für die abendländische Wissenschaft.

1874 n. Chr. Lady Randolph Churchill, die Mutter von Winston, erfindet den Manhattan.

1890 n. Chr. In einem Saloon in Saint Louis wird der Highball kreiert.

1898 n. Chr. Der US-amerikanische Ingenieur Jennings Cox lässt sich auf Kuba das Rezept für den Daiquiri einfallen. Natürlich zur Vorbeugung gegen Malaria. In den Bars von Havanna tauchen Reklametafeln auf, auf denen steht: »Was ist gesünder, Gringo: Daiquiri-Rausch oder Tropentod?«

1899 n. Chr. Gegen Ende des Spanisch-Amerikanischen Krieges mixen amerikanische Offiziere Rum mit einem ansonsten nutzlosen Gebräu namens Coca Cola und kreieren so den ersten politischen Cocktail: den Cuba Libre.

Selbstporträt aus Picassos Hackedichter Periode.

1901 n. Chr. Der Absinth-Junkie Pablo Picasso beginnt seine Blaue Periode, die kurz darauf in die Hackedichte Periode übergeht.

1917 n. Chr. Zum Auftakt der Oktoberrevolution plündern rauf- und trinklustige Bolschewiken beim Sturm auf den Winterpalast die Alkoholvorräte des Zaren.

1920 n. Chr. In den USA wird die Prohibition eingeführt. Die Europäer fragen sich verwundert, »was die blöden Amis nun wohl anstellen, um ein bisschen Spaß zu haben«.

1923 n. Chr. Überall in den USA schießen illegale Flüsterkneipen aus dem Boden und läuten das Lounge-Zeitalter ein. Die Untergrundschuppen prahlen mit mondänen Interieurs, überteuertem Schnaps und, jawohl, Weibern. Die Prohibition, die überwiegend von Frauen initiiert wurde, um ihre Geschlechtsgenossinnen vor den schlechten Manieren betrunkener Ehemänner zu schützen, führt nun dazu, dass Frauen wie selbstverständlich Bars aufsuchen, um sich dort mit den betrunkenen Ehemännern anderer Frauen zu vergnügen.

1929 n. Chr. Seit Beginn der Prohibition wurden in den USA 300.000.000 Liter Bier, Wein und Schnaps illegal produziert und verzehrt. In Paris bringt Pete Petoit indes dem Kater eine vernichtende Niederlage bei, indem er in Harry's Bar den Prototyp der Bloody Mary entwickelt.

Nachdem er das Gesetz zur Aufhebung der Prohibition unterzeichnet hat, wartet Franklin D. Roosevelt geduldig, bis es Mitternacht schlägt, um sich den ersten legalen Martini der Nation zu genehmigen. Die Aufnahme entstand um 20 Uhr 30.

1933 n. Chr. Franklin D. Roosevelt unterschreibt das Gesetz zur Aufhebung der Prohibition und feiert den Akt mit dem ersten (legalen) Martini in dreizehn Jahren.

1935 n. Chr. Die Krueger Brewing Company in Richmond, Virginia, bringt das Büchsenbier auf den Markt.

1939 n. Chr. Ängstlich beobachten die Franzosen, wie die Deutschen unter der Führung eines Abstinenzlers mit Charlie-Chaplin-Bärtchen wieder aufrüsten. Schon bald fragen sie sich verwundert, »was der blöde Germane wohl anstellt, um ein bisschen Spaß zu haben«.

1940 n. Chr. Die Deutschen überfallen Frankreich.

1944 n. Chr. Victor Jules Bergeron Jr., genannt Trader Vic, erfindet in Oakland, Kalifornien, den Mai Tai.

1945 n. Chr. Die von den drei Quartalssäufern Churchill, Roosevelt und Stalin geführten Alliierten zwingen die von einer finsteren Koalition aus Abstinenzlern und Vegetariern angeführten Achsenmächte zur Kapitulation. Von nun an ist die Welt ein sicherer Ort für Trinker und Demokraten.

1946 n. Chr. Für seine Verdienste um die Aufrechterhaltung des Alkoholpegels der US-Streitkräfte in Capri, Nizza und Cannes wird dem

Barkeeper und Zombie-Erfinder Donn »The Beachcomber« Beach von seinem Freund Lieutenant General Jimmy Doolittle das Purple Heart und der Bronze Star verliehen.

1947 n. Chr. Humphrey Bogart formiert in Hollywood das Original Rat Pack. In Saint Louis strahlt die Hyde Park Brewery den ersten Bierwerbespot im Fernsehen aus.

1948 n. Chr. In Chicago wird die Happy Hour erfunden.

1950 n. Chr. Unbeeindruckt von den Umtrieben der McCarthy-Ära erobert der Wodka die Weltmärkte. Als wollten sie dem bigotten Senator eins auswischen, wählen die Amerikaner den Screwdriver zu ihrem Lieblingscocktail.

1954 n. Chr. Im Caribe Hilton von Puerto Rico mixt Ramón »Monchito« Marrero die erste Piña Colada. Der Cocktail gewinnt den Weltmeistertitel und inspiriert Rupert Holmes zu einem Song, der so eingängig ist, dass er eine ganze Generation bis in den Schlaf verfolgt.

1958 n. Chr. Ernest Hemingway fordert Amerika heraus, indem er hintereinander sechzehn seiner zum Markenzeichen gewordenen Papa Dobles verputzt (das entspricht mehr als 1,2 Litern starken Rums). Amerika nimmt die Herausforderung an und läutet, angeführt von den Promi-Schluckern Gleason, Sinatra, Martin, Mitchum und Burton, das Goldene Zeitalter des Wirkungstrinkens ein.

1960 n. Chr. Die zweite Auflage des Rat Pack, diesmal unter Führung von Frank Sinatra, hält im Sands Hotel in Las Vegas Hof. Die Swinger-Ära bricht an.

1962 n. Chr. John F. Kennedys und Ernest Hemingways öffentlicher Daiquiri-Durst lösen ein popkulturelles Phänomen aus.

1964 n. Chr. Sean Connery ordert als James Bond nicht nur Wodka für seinen Martini, sondern besteht auch noch darauf, ihn geschüttelt und nicht gerührt serviert zu bekommen, und tritt damit eine Kontroverse gorgonischen Ausmaßes los. Bald darauf trägt jeder *Playboy*-Abonnent in der westlichen Hemisphäre ein Sportsakko und süffelt Wodka-Martini.

1970 n. Chr. In Kalifornien kommen Weingüter in Mode und parallel dazu Schorle und Disco-Musik.

1972 n. Chr. Auf Long Island kreiert der Barkeeper Robert C. »Rose-bud« Butt den Long Island Ice Tea, wobei er auf sämtliche ehernen Mixgesetze pfeift und munter Tequila, Rum, Wodka und Gin zusammenkippt.

1975 n. Chr. Auf dem Höhepunkt der Disco-Hysterie stellen androgyne Cocktails wie Tequila Sunrise und Harvey Wallbanger die von Selbsthilfebüchern und Häkelgruppen bereits arg strapazierte Geduld echter Kerle nun auch am Tresen auf eine harte Probe.

1978 n. Chr. Um seine zahllosen Fehler wieder gutzumachen, legalisiert US-Präsident Jimmy Carter das Bierbrauen am heimischen Herd.

1980 n. Chr. In Australien wird der erste Weinkarton gesichtet. Der Trend verbreitet sich schnell über die USA bis nach Europa, nicht zuletzt, weil Betrunkene nun problemlos die U-Bahn-Treppen hinunterfallen können, ohne befürchten zu müssen, dass sie sich die Scherben aus dem Gesicht pulen müssen, während sie ihrem vergossenen Frühstück nachtrauern.

1981 n. Chr. Dank US-Präsident Carters Erlass schießen überall in den USA Mikrobrauereien aus dem Boden. Damit wird der von der Familie Anheuser ruinierte Ruf einer anständigen Bierbrauernation wiederhergestellt. Andererseits nimmt die Zahl der Biersnobs besorgniserregend zu.

1985 n. Chr. Das Bowle-Fieber erfasst die USA und verdoppelt so die Chancen pickeliger Oberschüler auf einen Quickie auf dem Abschlussball.

1987 n. Chr. Beflügelt von Gerüchten über angebliche Opiumzusätze, erobert Jägermeister die USA und besetzt nachhaltig das weite Feld zwischen harten Männerschnäpsen und Weicheilikören. Außerdem kommt nach einem Drehbuch von Charles Bukowski »Barfly«, der beste Säuferfilm aller Zeiten, in die Kinos.

1990 n. Chr. Die Martini-Lounge feiert ein triumphales Comeback. Und damit auch das Pseudo-Martini-Fieber, bei dem sogar eine in einem Stielglas servierte tote Ratte als Martini durchgeht. Was möglicherweise daran liegt, dass die Ecstasy-verseuchte Rave-Generation keinen Alkohol mag und lieber mit toten Ratten kuschelt.

2000 n. Chr. Ein trockener Alkoholiker und militanter Abstinenzler wird zum Präsidenten der Vereinigten Staaten von Amerika gewählt. Alle Welt fragt sich verwundert, »was der Ami wohl anstellt, um ein bisschen Spaß zu haben«.

2003 n. Chr. Die USA überfallen den Irak.

Als Trinker noch die Welt regierten

Werbung aus der guten alten Zeit, als die Meinungsmacher noch Säufer waren und es ihnen egal war, dass es alle wussten

All work and no play makes Jack a very thirsty boy.
Sneaky Peat Scotch
The "No-Tell" Liquor
Nothing is more aggravating to today's hard-working business-man than silly rules that say he can't knock back a few on the job. Which is why we created Sneaky Peat Scotch, the perfect "work whiskey." Triple filtering means there is no "tell-tale smell" to give you away, and our "chug-a-lug" sized bottles are easier to hide than a half-pint hangover. Sneaky Peat Scotch. Don't to work without it.

How can he explain to his sensitive young wife?
BUT, BILL, THIS WAS SUPPOSED TO BE OUR QUIET EVENING AT HOME!
YOU DON'T GET IT! IF I DON'T GO TO THE BAR AND DRINK ALL THAT WHISKEY, THEN SOMEONE ELSE WILL!
SORRY, SHIRLEY, BUT BILL IS RIGHT!
Someone else will drink that whiskey. Probably some of Bill's friends and coworkers. Then your beloved husband will have to bear the brunt their savage bragging at work, and this will demoralize Bill. Bill will become distracted and he will lose the Peterson Account and Old Man Hadley will fire him. Then you can expect lots of "quiet nights" at home, so quiet you will almost be able to hear Bill's dark thoughts of escape and, yes, suicide. It will get so goddamn quiet you'll actually look forward to the incessant visits from shrill bill collectors and the prostitutes Bill will turn to for relief.
You don't want that, do you, Shirley? We didn't think so. So the next time Bill says he's going to pop out for "a few" (we know better than that, don't we Shirl!), slap him on the back and say: "Drink those cocksuckers under the table, honey!"
A Public Service Message from the National Liquor Council

I'm studying with the Professor!
Ever notice how you feel smarter when you're drunk? That's because you are!
PROFESSOR HICKORY'S STUDYIN' WHISKEY

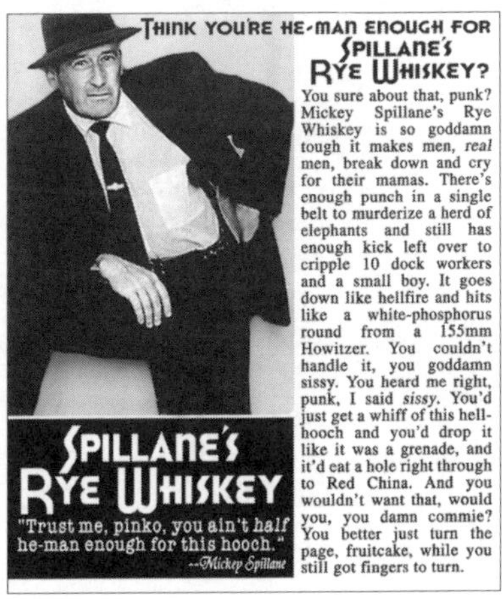
THINK YOU'RE HE-MAN ENOUGH FOR SPILLANE'S RYE WHISKEY?
You sure about that, punk? Mickey Spillane's Rye Whiskey is so goddamn tough it makes men, real men, break down and cry for their mamas. There's enough punch in a single belt to murderize a herd of elephants and still has enough kick left over to cripple 10 dock workers and a small boy. It goes down like hellfire and hits like a white-phosphorus round from a 155mm Howitzer. You couldn't handle it, you goddamn sissy. You heard me right, punk, I said sissy. You'd just get a whiff of this hell-hooch and you'd drop it like it was a grenade, and it'd eat a hole right through to Red China. And you wouldn't want that, would you, you damn commie? You better just turn the page, fruitcake, while you still got fingers to turn.
SPILLANE'S RYE WHISKEY
"Trust me, pinko, you ain't half he-man enough for this hooch."
--Mickey Spillane

Get your Booz-On.
Without ever leaving your sofa!
Sometimes the liquor store seems a zillion miles away. That's where we come in. Your door. With booze!
If you've never experienced the bliss of sipping a new scotch . . . gulping a new tequila . . . or guzzling a new vodka in the comfort of your home, then you have a marvelous experience to look forward to!
Your neighborly Booz-On Representative will pamper you with exciting new hooches and delectible new boozes. Without you ever leaving your home! Ding dong! Get the door! Becasue it's time to get you Booz-On!
BOOZ-ON
Home Hooching

His boss said:
"Hit the bricks, ya louse!"
We say:
"Hit the hooch, ya souse!"
HE NEEDS JERIS
FOR FIVE-IN-ONE HOOCHING
1 Makes mounting bills seem silly
2 Blunts wife's disapointment
3 Startles former co-workers
4 Inspires revenge scheming
5 Priced for the jobless
Start your Five-in-One bender today. Ask for Jeris Genuine Corn Liquor at your favorite liquor store nearest to the bus station. You know the one.
JERIS Fortified Heart Tonic

She said:
"Forget it, Chump!"
We say:
"Forget her, Champ!"
HE NEEDS JERIS FOR
FIVE-IN-ONE HOOCHING
1 Removes unsightly memories
2 Restores crushed self-esteem
3 Improves "pick up" skills
4 Inspires self-righteous rage
5 Hangover masks all heartbreak
Start your Five-in-One bender today. Ask for Jeris Genuine Corn Liquor at your favorite liquor store.
JERIS Fortified Heart Tonic

WHEN YOU DRINK WATER
YOU DRINK WITH HITLER
HITLER DOESN'T LIKE THE BOOZE. AND WE'VE SORTA NOTICED YOU DON'T EITHER. SO, WHAT'S THE DEAL, FRITZ? DON'T YOU WANT AMERICA TO WIN? BELLY UP AND BELT 'EM DOWN! EVERY SHOT IS LIKE A BULLET IN HITLER'S HEART! BY THE WAY, DO YOU KNOW WHAT THE H IN H2O STANDS FOR? IT AIN'T HOOCH!

KIRBY'S TOMATO JUICE
Now with Booze!
What a swell way to start the day!
Waking up never felt so good with Kirby's Tomato Juice, especially now that it's fortified with heart-warming, head-healing vodka! So long hangover, shut up kids, and you can shove that omelet, honey! Daddy's going to work with a smile on his face for goddamn once! Also

Sascha Dreier

Die 90. Minute
Dramatische Fußballgeschichten

128 Seiten, broschiert
durchgehend farbig illustriert
ISBN 978-3-932170-79-9 € 14,80 EUR (D)

Empfohlen von 11 Freunde, Magazin für Fußballkultur

»Der Ball ist rund und das Spiel dauert neunzig Minuten.« Klar, aber was kann gerade in den sechzig Sekunden vor dem Schlußpfiff, am Ende der Nachspielzeit, nicht noch alles passieren! Sascha Dreier setzt die Geschichten legendärer Spiele ins Bild, bei denen erst im letzten Moment über Triumph oder Niederlage entschieden wurde. So blickt er etwa auf das WM-Halbfinale Deutschland gegen Italien 1970 in Mexico zurück. Im Uefa-Cup-Spiel Dortmund gegen La Coruña wird vor dem Fernseher in zehn Minuten ein Borusse auf Lebenszeit geboren und das verrückte Spiel zwischen Rostock und Bayern im Jahr 2001 ist Anlass für eine urkomische Charakterstudie Oliver Kahns.

www.tropen-verlag.de

Ulf Müller/Michael Zöllner (Hg.)

Der Haschisch-Club
Ein literarischer Drogentrip

224 Seiten mit zahlr. Abb., broschiert
mit Nachleucht-Cover
ISBN 978-3-932170-57-7 € 12,80 EUR (D)

»Grandioser Führer durch die Drogenkultur.« WAZ

Auf der Suche nach den Quellen der Inspiration und den verborgenen Mechanismen des Bewusstseins treffen sich die großen Forschernaturen der Weltliteratur und erzählen von ihren ambivalenten Rauscherfahrungen. In *Der Haschisch-Club* begibt sich der Leser selbst auf einen literarischen Drogentrip durch das Labyrinth des erweiterten Bewusstseins.

Mit Berichten und Drogengeschichten von Marco Polo, Charles Baudelaire, Walter Benjamin, Mark Twain, Sigmund Freud, Aldous Huxley, William S. Burroughs, Timothy Leary, Tom Wolfe u. a.

www.tropen-verlag.de

I WAS PROUD of my success as an executive in a large business firm---but I wasn't getting any action! No matter how hard I tried, my boss wouldn't notice me! He was treating me like a lifeless piece of office furniture!
ONE NIGHT I asked Sheila, the office slut, the secret of her long succession of inter-office affairs. "It's simple!" she said. "They treat you like a tight-ass because you smell and act like one! Try chugging a bottle of Shipley's Scotch before going to work tomorrow and see what happens!"
I WAS WILLING TO TRY ANYTHING! So I chugged a fifth of Shipley's Scotch before going to work the very next morning! It tasted like imported French kerosine and smelled like my boss after one of his frequent "board meetings!"
Shipley's Scotch— It puts the "lush" in "luscious!"
Gee, Sally! You smell swell enough to swill!
BOY DID IT WORK! The moment I walked in the door, my boss said, "Gosh, there's a glow about you today, Sal!" And once he a got snootful of my new scent, he said, "Gee, Sally, you smell swell enough to swill! Why haven't I've seen you at the bar? He followed me around all day with a hungry look on his mug, and before the day was over he asked me out for cocktails after work!
A WEEK LATER he was putting a rock the size of Gibraltar on my finger and we were off to Tijuana for a romantic, three-week "bender-moon!" I could tell Sheila was SO jealous, which is why I asked her to be my bridesmaid, just to rub her smug face in it! Thank you, Shipley's!
YOU TOO can enslave your randy booze-head of a boss with the help of Shipley's Scotch. It's rich flavor will keep you happy and it's rich scent will keep the boys begging for dates! Shipley's Scotch. It puts the "lush" in "luscious!"
Shipley's Scotch
SHIPLEY'S

CAN YOU SPOT THE
RED?
A.
B.
C.
If you chose "B", then you are correct! It's a well-known fact that REDS hate delicious AMERICAN beer right down to their filthy COMMIE souls. Oh, Ivan doesn't mind guzzling vodka or even RED wine, but to his twisted palate a cold frothy brew tastes like pure poison. So the next time a house guest or new pal turns down a beer, knock the COMMIE RAT unconscious with a table lamp and CALL THE FBI IMMEDIATELY. Our whole WAY OF LIFE is at stake!
Brought to you by the
Beer Brewers of America

Need to get away?
Escape into Rondo Rum.
In these hectic times of long work weeks and longer vacations, a circle of solitude is a hard thing to come by. With the help of Rondo Rum, however, you can build your own personal fortress of solitude. Brick by brick, gulp by gulp, you can build solid walls of calm no screeching child or uppity stewardess can penetrate. Rondo Rum. When you need to block out the whole goddamn world.
RONDO RUM

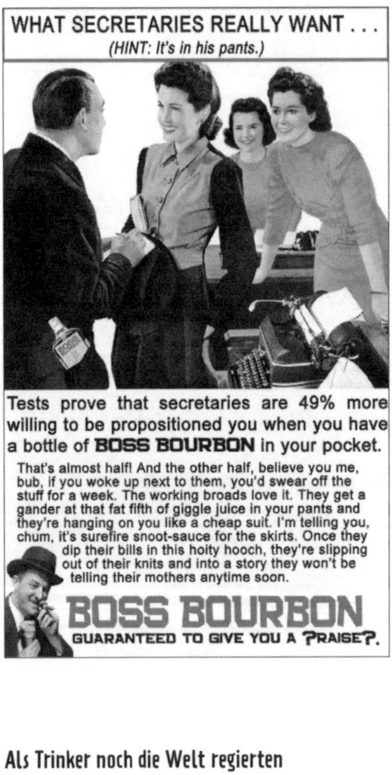
WHAT SECRETARIES REALLY WANT . . .
(HINT: It's in his pants.)
Tests prove that secretaries are 49% more willing to be propositioned you when you have a bottle of BOSS BOURBON in your pocket.
That's almost half! And the other half, believe you me, bub, if you woke up next to them, you'd swear off the stuff for a week. The working broads love it. They get a gander at that fat fifth of giggle juice in your pants and they're hanging on you like a cheap suit. I'm telling you, chum, it's surefire snoot-sauce for the skirts. Once they dip their bills in this hoity hooch, they're slipping out of their knits and into a story they won't be telling their mothers anytime soon.
BOSS BOURBON
GUARANTEED TO GIVE YOU A ?RAISE?.

"Pardon me, sir or madam!
I apologize for being confused about your gender, for even though you have the build and full beard of a man, I noticed you were walking out of the store without purchasing any beer! Which leads me to believe you are, in fact, a woman. So, which is it, sir? Madam?
Beer
Beer–Because you're a man...right?
The Beer Brewers of America